Gabriele Cerwinka/Gabriele Schranz

Professioneller Schriftverkehr

- übersichtlich und prägnant
- praxisnah und zeitgemäß
- mit vielen Beispielen

UEBERREUTER

Die Deutsche Bibliothek – CIP-Einheitsaufnahme

Cerwinka, Gabriele:
Professioneller Schriftverkehr : übersichtlich und prägnant ;
praxisnah und zeitgemäss ; mit vielen Beispielen / Gabriele
Cerwinka/Gabriele Schranz. – Wien : Ueberreuter, 1996
  (New Business Line : 50-Minuten-Script) (Manager-Magazin-Edition)
  ISBN 3-7064-0202-5
  NE: Schranz, Gabriele:

S 0201   1 2 3 4 / 99 98 97 96

Technische Redaktion: Dr. Andreas Zeiner
Illustrationen: Josef Koo
Umschlag: Kurt Rendl unter Verwendung eines Bildes der Bildagentur Image Bank
Copyright © 1996 by Wirtschaftsverlag Carl Ueberreuter, Wien
Printed in Austria

Inhalt

Einleitung

»Es wird empfohlen, daß man stets mit äußerster Bedachtnahme auf alle sichtbaren und unsichtbaren Umweltfaktoren reagieren und die Gesamtheit der möglichen Vorfälle in Erwägung ziehen solle, bevor man eine aktive, mit Konsequenzen behaftete schriftliche Willensäußerung zu setzen erwägt.«

… alles klar?

Trotzdem eine Übersetzung: »Erst denken, dann schreiben.«

Dieser so banal klingende Grundsatz gilt nicht nur für den Inhalt, sondern besonders auch für die äußere Form aller Schriftstücke, die für einen anderen Leser bestimmt sind. Wir wollen uns daher in diesem Buch nicht nur den »stilvollen« Formulierungen widmen, sondern auch der richtigen, zeitgemäßen und somit professionellen Formgebung Ihres Schriftverkehrs, der wir sowohl die ÖNORMEN als auch die DIN-Normen zugrunde gelegt haben.

● Der beste Text ist der, der auch wirklich für den Leser geschrieben wurde!

● Sie schreiben, um etwas auszudrücken, nicht um zu beeindrucken!

● Professionalität zeigt sich im Detail: was sind die aktuellen Standards?

Der geeignetste Lehrmeister ist die tägliche Praxis. Nehmen Sie sich bewußt Zeit für Ihre schriftliche Kommunikation, und durchleuchten Sie sie durch die Brille des Empfängers. Wir wünschen uns, daß dieser Prozeß gemeinsam mit diesem Buch zu Ihrem persönlichen und beruflichen Erfolg beiträgt.

Gabriele Cerwinka   Gabriele Schranz

Ein paar gute Gründe für dieses Buch

Sicher haben Sie wie die meisten unserer Leser während Ihrer Ausbildung oder bisherigen beruflichen Laufbahn schon einiges über Schriftverkehr gelernt. Es gibt ja unzählige Lehrbücher zu diesem Thema, schließlich gehört Schriftverkehr zum Grundwerkzeug im Geschäftsleben und ist somit selbstverständlich.

Trotzdem, warum greifen Sie gerade zu diesem Buch?

Überlegen Sie, ob einige der unten angeführten Gründe auf Sie zutreffen:

● Mein in der Schule erlerntes Wissen ist verschüttet, ich möchte es auffrischen.

● Ich möchte mich über den neuesten Stand der Dinge informieren.

● Ich möchte »eingefahrene Verhaltensmuster« neu überdenken.

● Ich will mehr Sicherheit im Umgang mit Geschriebenem.

● Ein Lehrbuch »durchzuackern«, ist mir zu langweilig und zeitraubend.

● Alle wichtigen Aspekte des Schriftverkehrs, übersichtlich zur Auswahl, dürfen in keinem Büro fehlen.

● Dieses Buch gibt mir Gelegenheit, auf kurzweilige Art ein oft »langweiliges« Thema aufzuarbeiten – je nach meinen persönlichen Schwerpunkten.

Sie finden sicher noch weitere Gründe, warum dieses Buch für Sie interessant ist.

Die angeführten Erläuterungen und Beispiele geben lediglich einen Einblick in die Praxis des Schriftverkehrs. Sie sollen als Ratschläge und Lösungsvarianten auf dem Weg zur perfekten Korrespondenz dienen. Wir haben bewußt auf den Abdruck von Musterbeispielen verzichtet, denn Sie finden in Ihrem Umfeld sicher genügend Beispiele und können dadurch leicht den Praxisbezug herstellen. Die verwendeten Namen und Adressen sind frei erfunden, Ähnlichkeiten mit tatsächlich existierenden Namen und Adressen sind daher rein zufällig.

Nehmen Sie sich die Zeit, um Schritt für Schritt alles durchzuarbeiten – Sie sind so in kurzer Zeit wieder topfit in Sachen Schriftverkehr!

Teil 1:

Was ist professioneller Schriftverkehr, was gehört dazu?

1.1 Papier ist geduldig ...

Nehmen Sie sich ein paar Minuten Zeit und überlegen Sie, was alles zu Papier gebracht Ihren Schreibtisch verläßt – woraus besteht Ihr Schriftverkehr?

_____

_____

_____

_____

_____

_____

_____

Hier wollen wir auflisten, was alles zu professionellem Schriftverkehr gehört – vielleicht entdecken Sie noch den einen oder anderen Punkt, den Sie in Ihrer Aufzählung auf der Vorseite vergessen haben.

Überlegen Sie jetzt bitte, wie oft die einzelnen Bereiche in Ihrem Berufsleben vorkommen:

1 = oft, 2 = gelegentlich, 3 = nie,
* = hier will ich mich noch verbessern   1   2   3   *

Schriftverkehr im engeren Sinn – Briefe

1. Anfragen _____ O _O _O __O

2. Anbote _____ O _O _O __O

3. Bestellungen _____ O _O _O __O

4. Mängelrügen, Beschwerden _____ O _O _O __O

5. Antwort auf Reklamationen _____ O _O _O __O

6. Rechnungen und Mahnungen _____ O _O _O __O

7. Sonstiger Schriftverkehr mit Kunden/Lieferanten _____ O _O _O __O

1 = oft, 2 = gelegentlich, 3 = nie,   1   2   3   *
* = hier will ich mich noch verbessern

Interner Schriftverkehr

  8. Berichte _____ O _ O _ O __ O

  9. Interne Kommunikation (Aktennotiz, Rundschreiben,
     Gesprächsnotiz etc.) _____ O _ O _ O __ O

10. Protokoll _____ O _ O _ O __ O

Kurzformen des Schriftverkehrs

11. Telefax, Teletex, Btx, Telebox _____ O _ O _ O __ O

12. Kurzbrief _____ O _ O _ O __ O

Briefe zu sonstigen Anlässen

13. (Halb)private Geschäftsbriefe _____ O _ O _ O __ O

14. Briefverkehr mit Ämtern und Behörden _____ O _ O _ O __ O

15. Bewerbungsschreiben, Lebenslauf _____ O _ O _ O __ O

16. Schriftverkehr mit Bewerbern _____ O _ O _ O __ O

17. Leserbriefe _____ O _ O _ O __ O

Sie haben jetzt eine Übersicht, wo Ihre Schwerpunkte liegen – überlegen Sie, wo
Sie sich noch verbessern möchten und kreuzen Sie in der jeweiligen Zeile das
Kästchen an.

  So, nun kennen Sie Ihre Ziele genau – blättern Sie immer wieder zu dieser
Seite zurück:

    ◆   *Nur wenn Sie diese persönlichen Ziele nie aus den*
       Augen verlieren, können Sie den optimalen Nutzen
       aus diesem Buch ziehen.

1.2 Schriftverkehr im engeren Sinn – der Brief

Der klassische Geschäftsbrief gehört wohl zu den wesentlichsten Bestandteilen des Schriftverkehrs und ist auch im Zeitalter moderner Telekommunikation nicht wegzudenken. Faxen geht zwar schneller, aber ein Brief ist immer noch das bessere Marketinginstrument.

Was sind seine wichtigsten Merkmale?

- Die klare äußere Form ist wesentlich und zugleich wichtiger Teil des Erscheinungsbildes eines Unternehmens nach außen
- Schriftverkehr verrät viel über die Unternehmenskultur
- Der vorgedruckte Briefkopf – die Visitenkarte Ihrer Firma
- Beachten der genormten Korrespondenzregeln
- Prägnanter und empfängerbezogener Inhalt
- Passende Anrede, Begrüßung und Schluß
- Richtige Rechtschreibung, Zeichensetzung und Grammatik

So einfach ist das – na, dann los!

Welche Anlässe für einen klassischen Geschäftsbrief fallen Ihnen ein?

_____

_____

_____

_____

Einige Anlässe: Anfrage, Angebot, Bestellung, Auftragsbestätigung, Lieferanzeige, Zwischen-bescheid, Rechnung, Reklamationen, Mahnschreiben, Werbebriefe, Briefe an Stammkunden, Bekanntgabe von Veränderungen in der Firma, Behördenbriefe, Schriftverkehr mit Bewerbern, Kündigungen, Schriftverkehr mit Dienstleistern (Steuerberater, Rechtsanwalt, Werbeagentur etc.) ...

Diese Liste läßt sich noch endlos lange fortsetzen und erhebt keinen Anspruch auf Vollständigkeit.

Wir wollen im folgenden nur kurz auf die inhaltlichen Besonderheiten eingehen – die genaue Ausführung können Sie in Teil 2 üben.

1.2.1 Die Anfrage

Die Anfrage ist die erste Kontaktaufnahme mit einem möglichen Lieferanten. Sie fordert auf, ein Angebot zu erstellen und ist unverbindlich.

In der **allgemeinen Anfrage** will der Verfasser nur allgemeine Unterlagen, wie Kataloge und Preislisten.

Für den Empfänger ist die Aussicht auf eine (bei Zufriedenheit) längere Geschäftsverbindung interessant, daher sollten Sie diese Möglichkeit ansprechen!

Bei einer **bestimmten Anfrage** beschreiben Sie den Inhalt des möglichen Angebotes: Formulieren Sie genau, sachlich und vollständig – nur so sparen Sie Zeit für lästige Rückfragen!

1.2.2 Das Angebot

Das Angebot bezieht sich meist auf eine Anfrage und enthält Angaben über

● Art, Menge und Qualität der Leistung

● Zahlungskonditionen

● Liefer- und Zahlungsbedingungen

● Gültigkeitsdauer des Angebotes

● Erfüllungsort und Gerichtsstand

Sie sehen, ein Angebot zieht schon wesentlich mehr rechtliche Konsequenzen nach sich – Sie müssen daher besonders gut auf den Inhalt achten und alle Daten genau prüfen:

♦ *Eine Null zuwenig in der Summe kann eine Null zuviel in Ihrer Firma bedeuten!*

Wollen Sie die Verbindlichkeit eines Angebotes einschränken, weisen Sie ausdrücklich darauf hin – zum Beispiel:

> Solange der Vorrat reicht!

Vergessen Sie nicht, sich am Anfang für eine Anfrage zu bedanken, und schließen Sie den Brief mit der Aufforderung zur Bestellung ab – zum Beispiel:

> Bitte bestellen Sie bald. Wir freuen uns schon, Ihren Auftrag bestmöglichst auszuführen …

Wenn einem Angebot keine Anfrage vorausgeht, handelt es sich um einen Werbebrief – wir verweisen auf Teil 3, Seite 75.

1.2.3 Die Bestellung

Die Bestellung bezieht sich entweder auf ein Angebot oder auf eine frühere Bestellung.
  Sie enthält noch einmal alle wichtigen Punkte wie bereits beschrieben
  Vom Angebot abweichende Punkte müssen genau bezeichnet werden.
Als Antwort auf ein Angebot begründet die Bestellung den Kaufvertrag. Rechtlich gesehen kann die Bestellung auch mündlich erfolgen – aber um Mißverständnissen auszuweichen, sollte immer eine schriftliche Bestätigung folgen.
  Auf die Bestellung kann die Auftragsbestätigung, eine Ablehnung der Bestellung, ein Widerruf der Bestellung, ein Widerruf des Widerrufes der Bestellung, eine Bestätigung des Widerrufes des Widerrufes der Bestellung usw., usw., usw. folgen.

1.2.4 Mängelrügen und Beschwerden

Ist etwas schiefgelaufen, muß sich der (verhinderte) Leistungsempfänger beschweren.
  Bezeichnen Sie den Grund für Ihre Beschwerde möglichst genau und sachlich. Schlagen Sie das weitere Vorgehen vor und verweisen Sie auf die rechtlichen Schritte, die Sie sich überlegen.

Aber bitte keine melodramatischen und leeren Drohungen – bleiben Sie sachlich und höflich. Der Briefempfänger soll nur informiert werden, welche Konsequenzen Sie vorhaben.

1.2.5 Die Antwort auf Reklamationen

Diese Briefe sind vielen Unternehmen besonders lästig. Doch gerade sie stellen eine riesengroße Chance dar:

♦ *Je professioneller Sie auf Beschwerden reagieren, desto mehr können Sie überzeugen.*
   Kunden merken sich die perfekte Behandlung einer Beschwerde besser, als wenn fünfmal alles klappt. Fehler passieren, nur wie man darauf reagiert macht den Unterschied!

● Beweisen Sie Professionalität durch rasches Reagieren!

● Nehmen Sie den Kunden ernst!

● Zeigen Sie Verständnis!

● Weisen Sie auf Positives in der Vergangenheit hin, sprechen Sie Gemeinsames an!

● Entschuldigen Sie sich!

● Beweisen Sie die aktive Suche nach einer Lösung!

● Geben Sie dem Kunden das Gefühl, in seinem Sinn zu handeln!

● Schließen Sie positiv!

1.2.6 Rechnungen und Mahnungen

Ist bei der Leistungserstellung doch alles gutgegangen, erfolgt die Rechnungs-erstellung, und zwar meist über EDV. Aus diesem Grund wollen wir uns mit der

Rechnung selbst nicht besonders befassen, dafür umso mehr mit der heiklen Materie der Mahnung.

Sollten Sie einen säumigen Zahler mahnen müssen, schicken Sie zunächst eine Zahlungsaufforderung voraus – das wirkt weniger streng und förmlich!

Bei der ersten Mahnung bleiben Sie ebenfalls noch sehr höflich. Sie wollen den Kunden ja nicht verlieren. Weisen Sie auf Ihre Probleme hin, die durch die Nichtbezahlung entstehen.

In der zweiten Mahnung können Sie dann schon etwas konkreter werden: Beziehen Sie sich auf die erste Mahnung, nennen Sie einen Termin und mögliche Konsequenzen. Schließen Sie trotzdem den Brief positiv ab.

Bleiben alle bisherigen Versuch erfolglos, schicken Sie eine dritte Mahnung – eingeschrieben – hinterher. Diese soll dem Kunden den Ernst der Lage deutlich machen. Trotzdem sollten Sie auch hier nicht alle Türen zustoßen!

Vergessen Sie in keiner Mahnung

● eine Kopie der Rechnung beizulegen;

● die Bezeichnung, um die wievielte Mahnung es sich handelt;

● Dank im voraus für eine mittlerweile erfolgte Bezahlung;

● den Hinweis, das Schreiben als gegenstandslos zu betrachten, wenn der Kunde schon bezahlt hat.

Hüten Sie sich vor übertriebener Orginalität – meist verfehlt Sie ihren Zweck. Bleiben Sie lieber sachlich und höflich.

1.2.7 Sonstiger Schriftverkehr

Es gibt natürlich noch eine Vielzahl von anderen Anlässen im Rahmen des normalen Geschäftsbetriebes, zu denen Sie sich schriftlich äußern müssen. Wir wollen Sie nicht mit langen Aufzählungen langweilen und verweisen auf die allgemeinen Regeln.

Bei häufig wiederkehrenden Briefen sparen Musterbriefe und Textbausteine eine Menge Zeit (siehe Seite 36).

1.3 Interner Schriftverkehr

Wie in einem Unternehmen schriftlich miteinander kommuniziert wird, hängt entscheidend von der Unternehmenskultur, der Größe und der Internationalität ab.

Bei einem Drei-Mann-Betrieb wird sich der interne Schriftverkehr sehr in Grenzen halten. Ein internationaler Konzern dagegen hat meist sehr genormte Vorstellungen über internen Schriftverkehr (z. B. Memovordrucke).

Aufgrund der Vielzahl an innerbetrieblichen Formularen ist es nahezu unmöglich, allgemeingültige Regeln dafür aufzustellen. Hilfreich sind Formulare, die je nach Bedarf angefertigt werden und den Arbeitsablauf wesentlich erleichtern (z. B. Telefonnotizen, Gesprächsnotizen).

Beachten Sie grundsätzlich:

● Kurze, sachliche Darstellung der Fakten

● Vollständigkeit

● Konkreter Inhalt: Wer ist zuständig?
                               Was soll bis wann von wem getan werden?
                               Wer hat wann was zu wem gesagt?

● Vergessen Sie nicht, den Verteiler anzuführen

... und wenn Sie öfter ein Protokoll verfassen müssen, verweisen wir auf unser Buch »Professionelle Protokollführung (siehe Inserat im Anhang).

1.4 Kurzformen des Schriftverkehrs

1.4.1 Die Faxnachricht

Fax-Mitteilungen werden grundsätzlich formlos und kurz gehalten. Meist existiert ein Fax-Formblatt, das

● die Namen des Absenders, des Empfängers,

● die Telefon-/Fax-Nr. des Absenders,

● das Datum und

● die Anzahl der Seiten

enthält.

Wir raten auch, beim Versand von Dokumenten ein Fax-Formblatt voranzustellen, um den Empfänger die Seitenzahl und gegebenenfalls Zusatzinformationen bekanntgeben zu können.

1.4.2 Kurzbriefe

Diese Form der schriftlichen Kommunikation spart viel Zeit. Es geht um reine Informationsweitergabe.

Ein entsprechender Vordruck wird fast wie ein Formular ausgefüllt, indem die zutreffenden Zeilen/Worte angekreuzt oder ergänzt werden. Lesen Sie aber bitte jeden Vordruck genau durch, bevor Sie ihn ausfüllen! Und bedenken Sie, daß trotz dieser rein sachlichen Informationsweitergabe vor allem eines kommuniziert wird:

> Du bist mir keinen ganzen Brief wert!

Dem gegenüber steht die Botschaft:

> Ich helfe Dir und mir Zeit zu sparen!

Wägen Sie also sehr sorgfältig ab, wann Sie welche Form des Schriftverkehrs einsetzen!

Teil 2:

Schritt für Schritt zum perfekten Brief

Brief 1: Geschäftsbrief

Wolkenberg, am 10. 12. 1997

Sehr geehrter und lieber Herr Kommerzialrat!

Wir möchten uns an dieser Stelle auf das überaus herzlichste bei Ihnen, lieber Freund und hoffentlich bald auch langjähriger Geschäftspartner, für die überaus großzügige erstmalige Bestellung für Ihr von allen sehr geschätztes Geschäft bedanken. Gerade jetzt vor Weihnachten ist es ja nur zu verständlich, daß man die niedlichen Modellautos in Ihrem immer sehr geschmackvoll gestalteten Schaufenster nicht missen möchte. Ich bewundere Sie schon seit langem. Wie machen Sie das nur? Sie treffen immer genau den Geschmack Ihrer kleinen Kunden. Übrigens auch den meines kleinen Enkels. Wollen Sie uns nicht einmal besuchen, wir veranstalten am 15. Dezember einen kleinen vorweihnachtlichen Punschabend. Meine Familie würde sich über Ihr verehrtes Erscheinen sehr freuen.

Zurück zu den Modellautos – natürlich erledigen wir Ihre Lieferung schnell wie der Wind. Übrigens, die Idee Ihres Sohnes, die Autos auch mit Teddybären im Rennfahrerdreß anzubieten, wurde von uns schon aufgegriffen. Es muß Sie mit Stolz erfüllen, einen solchen kreativen Sohn zu haben. So, jetzt habe ich aber Ihre werte Zeit genug strapaziert, aber Sie kennen mich ja: Ich bin immer um einen lebendigen Stil bemüht und hasse förmliche Geschäftsbriefe! Nichts hält eine Geschäftsbeziehung besser aufrecht, als der persönliche Stil!

Also, in diesem Sinne,

liebe Grüße

Ihr Fridolin Freundlich

... ob der Herr Kommerzialrat wirklich zum langjährigen Geschäftspartner werden wird?

Brief 2: Privatbrief

Rosemarie Rose
Welkweg 5
6666 Wolkenberg

Romeo Meyer
Waldundwiesenweg 10
3333 Haushof

Wolkenberg, 04. 09. 1998

Lieferung meiner Bestellung vom 03. 09. 1998

Sehr geehrter Herr Meyer,

bezugnehmend auf Ihr Schreiben vom 26.08. d. J. erlaube ich mir festzuhalten, daß ich in Hinblick auf meine allgemeinen Geschäftsbedingungen auf die unverzügliche Lieferung folgender Leistung bestehen muß:

    1.378   Stk.   formal genormte Liebeserklärungen
    5.632   Stk.   zweiseitige physische Zuneigungsdemonstrationen
                     (umgangssprachlich Küsse)

Die Zusicherung der sofortigen Lieferung wurde mir sowohl in Ihrem Schreiben vom 26. August als auch mündlich anläßlich unseres Geschäftsessens vom 27. August gegeben. Trotz mehrmaliger emotional formulierter Einforderung meinerseits wurde die Bestellung nicht zur Kenntnis genommen.

Ich ersuche um Nachholung und raschestmögliche Erledigung. Andernfalls behalte ich mir weitere rechtliche Schritte vor (Verringerung der bestellten Stückzahl).

Da ich annehme, daß dies auch Ihren Interessen zuwiderläuft, beantrage ich umgehende Lieferung. Ich bitte um Kenntnisnahme und zeichne

mit vorzüglicher Hochachtung

Rosemarie Rose

... ob unser Romeo durch einen solch förmlichen Liebesbrief zu Spontanaktionen veranlaßt wird?

2.1 Der erste Schritt: Der Inhalt

2.1.1 Wie ein Schriftstück entsteht ...

Die Planung

Professionelles Vorgehen heißt auch planvolles Vorgehen – nicht nur bei der Schatzsuche gelangt man mit Plan auf dem kürzesten Weg zum Ziel!
    Was muß ich also vorher wissen?

Was?   Sammeln Sie alle Tatsachen, die Sie mitteilen wollen.
Schreiben Sie alles Wichtige stichwortartig auf.
Was wollen Sie mit Ihrem Schreiben erreichen?

An wen?   Um empfängerorientiert zu schreiben, müssen Sie den Leser Ihres Schreibens genau beurteilen – versetzen Sie sich in seine Lage, setzen Sie seine Brille auf!
Überlegen Sie auch, über welche Vorinformationen Ihr Leser verfügt!
Kennen Sie alle Bestandteile von Titel und Namen?

Wie?   Wie lang soll der Brief werden?
Welche Vordrucke kommen in Frage?
Welche Beilagen sind wichtig?
Wenn Sie sich das jetzt überlegen, vermeiden Sie, daß Sie unnützerweise Tatsachen, die aus Beilagen ersichtlich sind, doppelt erwähnen. Sie wissen, wo Sie auf etwaige Beilagen verweisen können.

Wann?   Bis wann soll der Brief beim Empfänger sein?
Welchen Handlungsspielraum braucht er?
Welche Aktionsfristen sind notwendig?
Danach richtet sich die Frist, bis wann Sie Ihren Brief fertig haben müssen.

Auch wenn diese Liste lang erscheint – die wesentlichen Punkte haben Sie sicher schnell abgeklärt. Durch gute, zielgerichtete Planung kann man die meiste Zeit sparen!
    Die wichtigste Frage noch einmal: Welches Ziel hat mein Brief?

Der Inhalt

Hier wollen wir uns auf allgemeine Formulier- und Stilregeln konzentrieren. Welche konkreten Formulierungen Sie für die einzelnen Briefteile wählen, wird im nächsten Schritt behandelt.

Der wichtigste Gedanke am Anfang:

♦   *Weniger ist mehr!*

Die schriftliche Kommunikation unserer Tage ist gekennzeichnet von einer Inflation der Worte. Immer mehr Information steht immer weniger Zeit gegenüber. Auf der anderen Seite gibt es Texte, die in ihrer kurzen Prägnanz Jahrhunderte überdauert haben – einige Beispiele:

Das Vaterunser	63 Worte
Die Zehn Gebote	122 Worte
Die Amerikanische Unabhängigkeitserklärung	300 Worte
Die EG-Verordnung für den Import von Karamel-Erzeugnissen	26.911 Worte!

Einige Tips zum Verfassen von professionellen Briefen:

- Halten Sie Ihre Sätze möglichst kurz und vermeiden Sie komplizierte Schachtelsätze.

- Kurze Absätze wirken leserfreundlich.

- Je klarer und präziser Sie sich ausdrücken, desto eher werden Sie verstanden. Konzentrieren Sie sich auf das Wesentliche.

- Orientieren Sie sich ruhig an guten Vorlagen – durchforsten Sie einmal kritisch Ihre Ablage und suchen Sie ein paar gute Musterbriefe heraus.

- Verwenden Sie möglichst keine passiven Formulierungen.
  Statt: »Wir können Sie diesen Monat nicht mehr beliefern!«
  lieber: »Wir haben Anfang nächsten Monats noch einige Liefertermine frei.«

- Legen Sie besonderes Augenmerk auf Anfang und Ende Ihres Schriftstückes: Die meisten Briefempfänger lesen zunächst nur Anfang und Ende eines Briefes.

- Kontrollieren Sie die Rechtschreibung und die Satzzeichen – Professionalität zeigt sich im Detail.

- Vermeiden Sie »Amtsdeutsch«.

- Vermeiden Sie Doppelaussagen.

- Vermeiden Sie Übertreibungen.

- Vermeiden Sie zu viele Hauptwörter.

- Ersetzen Sie Worte wie »man, es, alle« durch »wir, ich, Sie«.

- Vermeiden Sie »Es ... daß«-Formulierungen.

- Vermeiden Sie eine Aneinanderreihung von Vorwörtern.

- Vermeiden Sie belehrende, schulmeisterliche Formulierungen.

- Verwenden Sie Abkürzungen möglichst sparsam.

- Setzen Sie Fremdwörter sparsam ein.

- »Möchten« signalisiert mangelnde Entschlußkraft oder übertriebene Höflichkeit.

Und jetzt sind Sie an der Reihe: Formulierwerkstatt für Profis!

Formulieren Sie die folgenden, nicht ganz geglückten Sätze um!

1. *Wir möchten Sie darauf hinweisen, daß die Methode Neu, die Sie uns beim letzten Besuch von Ihrem Herrn Kurz bei unserem Chef umfassend vorgestellt haben, auf allgemeine Zustimmung, besonders in der Logistikabteilung unseres Einkaufs gestoßen ist und man daher weiteren Schritten nähertreten könnte.*

---

2. *Die Bauphase des Projekts »Lagerstraße«, dessen Unterlagen wir Ihnen im letzten Schreiben nochmals aktualisiert übermittelt haben, hat sich in letzter Zeit auf Grund von Lieferschwierigkeiten seitens einiger unserer Lieferanten und witterungsbedingten Gegebenheiten dermaßen verzögert, daß wir uns gezwungen sehen, eine neuerliche Aktualisierung ins Auge zu fassen.*

_____

_____

_____

3. *Unsererseits kann die Überprüfung nur nach Rücksprache im gegenseitigen Einverständnis mit allen Mitarbeitern unterfertigt werden.*

_____

_____

_____

4. *Zwischenzeitlich erlaube ich mir, Ihnen hinsichtlich unserer neuen Anlagen-überprüfungstechnik Bericht zu erstatten und in der Anlage zu übermitteln.*

_____

_____

_____

5. *Ihre unendlich praktische Methode wird von unseren Mitarbeitern sehr geschätzt.*

_____

_____

6. *Ich bin Ihnen mehr als überaus verbunden.*

_____

7. *Wir werden Ihrer Aufforderung Folge leisten und mit Herrn Haupt Rücksprache halten.*

_____

_____

8. *Die Gewährung eines Sonderstatus soll als Anerkennung der Reibungslosigkeit der gegenseitigen Geschäftsbeziehung gewertet werden.*

_____

_____

9. *In Erwiderung Ihrer Reklamation müssen wir feststellen, daß auch nach eingehender Prüfung die Problementstehung nicht nachvollziehbar ist.*

_____

_____

10. *Es wird empfohlen …*

_____

11. *Gestern wurde mitgeteilt, daß sich alle in letzter Zeit beschwert haben.*

_____

_____

12. *Im Moment ist es so, daß wir unsere Berichte täglich absenden.*

_____

_____

13. *Folgendes soll beachtet werden, nämlich daß dieser Vorgang täglich stattfindet.*

_____

_____

14. *Es kann jeder selber feststellen, daß diese Methode nicht zielführend ist.*

_____

_____

15. *Mit an Sicherheit grenzender Wahrscheinlichkeit …*

_____

16. *Von für diese Aufgabe engagierten Mitarbeitern …*

_____

_____

17. *Das Verhältnis zwischen für den Bereich Zuständigen ist nicht das Beste.*

_____

_____

18. *Dgl. wollen wir frndl. darauf hinweisen, daß bes. unsere Infokonf. 1x wöch. stattfindet.*

_____

_____

19. *Der Usus der Termini technici ist auf ein Minimum reduzierbar.*

_____

_____

20. *Unsere Cash & Carry-Center in der Citypositionierung haben sich ex post als Top-Cash Cows erwiesen und werden daher auf dem Annualmeeting präsentiert.*

_____

_____

Formulieren Sie folgende Doppelaussagen eindeutiger:

neu renovieren _____

Rückantwort _____

hinzuaddieren _____

einzelne Details _____

übersichtlich ordnen _____

übersenden _____

Telefonanruf _____

letzten Endes _____

Unkosten _____

Unsere Vorschläge:

1. Wir danken für den Besuch Ihres Herrn Kurz, der uns die neue Methode sehr gut präsentiert hat. Vor allem die Mitarbeiter der Logistikabteilung sind an einer ausführlichen Präsentation interessiert.

2. Die ungünstige Wetterlage und Lieferschwierigkeiten unserer Lieferanten sind leider Probleme, die wir nicht beeinflussen können. Die Bauphase des Projektes »Lagerstraße« wird sich daher weiter verzögern.

3. Wenn alle unsere Mitarbeiter einverstanden sind, werden wir den Bericht unterzeichnen.

4. Ich sende Ihnen in der Beilage einen Bericht über unsere neue Anlagen-Überprüfungstechnik.

5. Unsere Mitarbeiter schätzen Ihre praktische Methode sehr.

6. Ich bin Ihnen sehr dankbar.

7. Wir danken für Ihren Hinweis und werden mit Herrn Haupt sprechen.

8. Wir gewähren Ihnen gerne einen Sonderstatus, da unsere Geschäftsverbindung immer reibungslos funktioniert.

9. Wir danken für Ihre Reklamation. Wir haben das Problem eingehend geprüft, konnten jedoch keinen Fehler feststellen.

10. Wir empfehlen …

11. Gestern teilten wir Ihnen mit, daß sich die Mitarbeiter der Einkaufsabteilung beschwert haben.

12. Derzeit senden wir unsere Berichte täglich ab.

13. Bitte beachten Sie, daß dieser Vorgang täglich stattfindet.

14. Sie werden feststellen, daß diese Methode nicht zielführend ist.

15. Sicher … Wahrscheinlich … Es ist möglich …

16. Die betroffenen Mitarbeiter … Die zuständigen Mitarbeiter …

17. Die Verständigung zwischen den Mitarbeitern muß verbessert werden.

18. Dgl. wollen wir freundlich darauf hinweisen, daß unsere Informationskonferenz einmal wöchentlich stattfindet.

19. Bitte verwenden Sie Fachausdrücke sparsam.

20. Unsere Cash & Carry-Center in Innenstadtlage sind gute Umsatzträger. Wir möchten Sie daher auf unserem jährlichen Meeting vorstellen.

Korrekturlesen

So, nun haben Sie Ihren Text professionell, brillant und klar formuliert – leider schleicht sich gerade im kreativsten Moment oft der »Fehlerteufel« ein! Prüfen Sie den Inhalt zunächst auf sachliche Richtigkeit – stimmen auch alle Zahlen und Daten?

Wenn Sie Ihre Briefe am Bildschirm korrigieren:

● Lassen Sie Ihr Dokument ein Rechtschreibprogramm durchlaufen.

● Lesen Sie trotzdem nochmals alles durch – manche Worte sind nicht im Rechtschreibprogramm gespeichert.

● Lesen Sie auch noch den Ausdruck auf Fehler hin durch – manches wird am Bildschirm übersehen.

Wenn Sie einen Brief/Textentwurf korrigieren:

● Halten Sie sich an die genormten Korrekturzeichen – nur so bleibt das Schriftstück übersichtlich, und auch andere können die Verbesserungen vornehmen.

● Vor allem bei Schriftstücken, die an Graphiker gehen oder für den Druck bestimmt sind, sind die genormten Korrekturzeichen wichtig.

● Grundsätzlich sollte jedes Korrekturzeichen am Rand wiederholt werden, wobei die Reihenfolge innerhalb der Zeile übereinstimmen muß.

● Vermerken Sie neben dem Korrekturzeichen auch die erforderliche Änderung, falls das Zeichen nicht für sich selbst spricht.

● Zur besseren Übersicht sollten Korrekturzeichen farbig sein!

Die wichtigsten Korrekturzeichen:

Beispiel:		Bedeutung:
Schriftstŭcke	/ ŭ	ein falscher Buchstabe
Zusätze in Wertverbindungen	/ä ⌐o ⌐i	mehrere falsche Buchstaben
durchlässsig	/ɹ	überflüssige Buchstaben
Steſen	/ ℓℓ	fehlender Buchstabe
⌀llen	/ʂ	fehlender Buchstabe am Wortanfang
Geschäftsbreⁱfe	⊓ ie	vertauschte Buchstaben
Qualitäſ wie	/t,	fehlendes Satzzeichen
unmißverständliche/ Ausdrücke	/ɹ	überflüssiges Satzzeichen
oder ~~die~~ Wörter	⊢ ganze	ein falsches Wort
Zeichen ~~direkt~~ am Rand	⊢ ɹ	überflüssige Wörter
fehlende⌄Wörter	Y	fehlender Wortzwischenraum
breite⌐Zwischenräume	⌐	zu weiter Zwischenraum
Vorlagen und Ver⌢besserungen	⌣	Zwischenraum soll wegfallen
Korrektur⌐jedes		fehlender Wortzwischenraum
~~1895~~	⊢ 1985	vertauschte Zahlen (immer ganz durchstreichen und neu schreiben)

⌐auch⌐sich⌐	⌐⌐	zwei vertauschte Wörter
sondern auch sich über	1-4	mehrere vertauschte Wörter
Dr. Müller	⌐ Haus	fehlende Wörter nachtragen
... werden können. ⌐ ⌐Dazu ist es ...	⌐	Anhängen eines Absatzes
sta**rk**	#○	verschmutzte bzw. zu stark erscheinende Stellen
... zwei Absätze. Diese sind	⌐	fehlender Durchschuß (Zeilenabstand)
zwei Absätze. Diese sind	⌐	zu großer Durchschuß (Zeilenabstand)
fertiggestellt. Prüfen Sie	⌐	neuer Absatz
~~Korrekturen~~	⊢ Zeichen	irrtümliche Korrektur (muß am Rand deutlich durchgestrichen und im Text unterpunktiert werden)
Die wichtigsten ~~und~~ Zeichen	⊢ ℓ	überflüssige Buchstaben, Satzzeichen oder Wörter durchstreichen und am Rand mit dem Zeichen kennzeichnen (deleatur = es werde getilgt)
sehen wir fo- /genden Inhalt	⌐ ol- / ℓ	falsche Trennungen

(Ausführlicher im Duden, Band 1, oder in DIN 16.511 »Korrekturzeichen«)

Und jetzt sind wieder Sie an der Reihe: Versuchen Sie, folgenden Text professionell zu korrigieren!

Seehr geehrter Her König,

Wie Sie sicherlichwissen, sind wir im Bereich Forschung und entwicklung schon seit längerem erfolgreich tätig. Gerdae im bereich der Fehlerquellenvermeidung in der Schriftstückproduktion nehemn ,wir eine fahrende Rolle ein.

Heute wollen wir Ihen neues ein Produkt unseres Hauses vorstellen:

der absolut sichere Fehlerkilller!

Dieses neue Protukt ermöglich es Ihnen in kürtester Zeil alle Ihre in der He-
ktik entstandenen ehler im Nachhinein zu beheben.

Die die Anwendung ist ganz einfach: Sie streichen mit unserem Fehlerkiller einmal kräftig über Ihren Text und wie von selbst ver schwinden alle Fehler!
Nie wieder werden Sie sich vor Ihren Geschäftsfreunden durch peinliche Tipfehler blamieren!

Auch Ihre Sekretärin wird es uns flanken: sie kann tippen schneller viel, die rechtschreung ist ab nun unnwichtig!

Unser Produkt istin vielen Farben und Sonderausführungen erherhältlich: Sie können es daher gut an Ihre individulle Büroeinrichtung anpaßen. Mit unserem Sondermodell »Superchef«in platin/GOld/lila mit echten Diamantensplittern werden Sie jeden Besucher schweer beeindrucken.!

Also, greifen Sie noch heute zum Telefonhörner und bestellen Sie zu unseren sensatonellem Einstandspries!

Ab heute sind auch Sie ein Profi!

2.2 Der zweite Schritt: Die Brief-/Textgestaltung

2.2.1 Die Gliederung

Wir haben schon darauf hingewiesen – die wichtigsten Bestandteile sind die **Einleitung** und der **Schluß**. Textprofis beginnen daher auch stets mit diesen beiden Teilen. Erst danach formulieren Sie den Kernteil. Sie bauen Ihren Brief also wie einen Turm aus Bauklötzen:

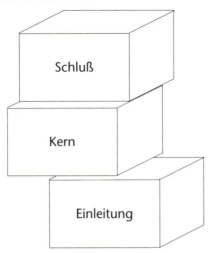

2.2.2 Die Einleitung

Die Einleitung ist die »Einstiegshilfe« für den Leser. Sie soll helfen, die Neugier des Lesers zu wecken und ihn mit der Materie vertraut zu machen. Sie wollen seine Sympathie gewinnen und ihn dazu verleiten, den Brief auch weiterzulesen.

Der erste Satz ist der »Rattenfänger«! Bei den ersten Worten entscheidet der Leser, ob er weiterliest, oder nicht!

Wichtigste Regel:

♦ *Vermeiden Sie abgedroschene Floskeln, sie erzeugen nur Langeweile!*

Wir haben Ihr Schreiben vom 7. 7. erhalten und wohlwollend zur Kenntnis genommen. Wir erlauben uns, Ihnen bezüglich der neuen Bestellregelung folgendes mitzuteilen ...

Sicher haben Sie genau solche Formulierungen schon oft gelesen – aber ist es so wirklich sinnvoll?

● Diese Einleitung enthält keine neue Information – daß der Brief angekommen ist, kann vorausgesetzt werden, sonst könnte der Schreiber nicht antworten!

● Daß »wir uns erlauben zu antworten« brauchen wir nicht wortreich dokumentieren, wir tun es einfach!

● Es ist unnütz, auf das Thema des Schreibens, das schon im Betreff genannt wurde, in der Einleitung noch einmal einzugehen.

Einige weitere Beispiele, die unaktuell wirken …

> *In Beantwortung Ihres Schreibens vom …*

> *Wir erlauben uns, Ihre oben erwähnte Anfrage zu beantworten …*

> *Bezugnehmend auf obig angeführten Betreff stellen wir folgendes fest …*

Streichen Sie solche Zeilen einfach aus Ihrem »Briefwortschatz«!
Wie machen Sie es also besser?

● Beginnen Sie positiv, wecken Sie positive Gefühle!

● Wecken Sie Interesse!

● Danken Sie nicht für ein Schreiben, sondern für die Information, die es enthalten hat (z. B. »Ihr Hinweis war für uns sehr hilfreich«).

● Stellen Sie auch in heiklen Briefen ein partnerschaftliches Verhältnis her!

● Sie können auch mit einer Frage beginnen – sie erweckt sicher Aufmerksamkeit!

So, jetzt sind wieder Sie an der Reihe – formulieren Sie einige »Einstiegshilfen« für Ihre Geschäftsbriefe!

_____

_____

_____

2.2.3 Der Kernteil

Kommen Sie nun möglichst rasch und ohne Umwege zum eigentlichen Kern Ihres Schreibens. Legen Sie den Sachverhalt dar und beschreiben Sie das Problem – **klar, sachlich und empfängerorientiert!** Sie-Sätze haben Vorrang vor Wir-Sätzen.

Daraus folgt die Forderung nach einer Entscheidung oder die Begründung Ihrer Entscheidung. Erklären Sie, welche Konsequenzen diese Entscheidung nach sich zieht.

Zum Schluß kommt der Aufruf zur Aktion: WER soll WAS bis WANN tun?

Überladen Sie Ihren Brief nicht mit zu vielen verschiedenen Anliegen – nicht nur der Leser, auch Sie verlieren das eigentliche Ziel aus den Augen. Sie sparen vielleicht Papier und Porto, aber ob Ihre Botschaft auch ankommt, ist fraglich!

2.2.4 Der Schluß

Auch hier gilt:

● Formulieren Sie positiv – Sie wollen den Leser ja nicht mit Unbehagen zurücklassen, sondern zum Handeln motivieren.

● Erzeugen Sie Übereinstimmung, beseitigen Sie Zweifel!

● Gerade der Schluß muß empfängerorientiert abgefaßt sein. Versetzen Sie sich in die Lage des Lesers, nachdem er den Hauptteil gelesen hat – was möchte er noch von Ihnen hören?

● Inhaltslose Floskeln verwässern einen vorher entstandenen starken Eindruck.

● Um Ihrem Anliegen Nachdruck zu verleihen, können Sie im Schluß noch einmal zusammenfassen, einen wichtigen Hinweis anfügen oder Ihren Aufruf zum Handeln wiederholen.

● Die Grußformel soll der Beziehung zum Empfänger angepaßt und nicht zu »schwülstig« sein.

● »… verbleiben wir« und ähnliche Formulierungen gehören der Vergangenheit an.

Wie geht es besser?

Um Ihre alsbaldige Rückantwort bittend unterfertigen wir mit vorzüglicher Hochachtung …

_____

_____

_____

In der Hoffnung, Ihnen wieder einmal gedient zu haben, verbleiben wir …

_____

_____

Um wie bei uns üblich prompte Erledigung besorgt erbitten wir Verständnis für etwaige Verspätungen und verbleiben …

_____

_____

Unserer Hoffnung um positive Erledigung Ausdruck verleihend …

_____

_____

Um etwaigen Fragestellungen Ihrerseits entgegenkommen zu können, ersuchen wir höflichst um alsbaldige Kenntnisnahme, Rücksprache und Kontaktnahme mit uns und würden uns sehr freuen, auch weiterhin jederzeit für Sie zu Verfügung zu stehen …

_____

_____

_____

2.2.5 Textbausteine

Wenn Sie Ihre Geschäftspost durchblättern, werden Sie auf viele gleichlautende Passagen stoßen. Um solche Standardtexte nicht immer wieder neu formulieren zu müssen, können Sie sie als Textbausteine speichern. So kann »der Schreibkram« in Zukunft sehr vereinfacht werden.

Textbausteine bestehen also aus mehreren Zeichen, Wörtern, Sätzen oder Absätzen. Geeignet dafür sind auch oft benötigte Empfängeranschriften, Anreden, Anfragen, Angebote, Bestellungen, Mängelrügen, Mahnungen, Antworten auf Bewerbungen etc.

Um Textbausteine sinnvoll zu erstellen, ist daher zunächst eine genaue Analyse Ihres Schriftverkehrs notwendig. Sie wollen sich ja in Hinkunft Arbeit erleichtern und nicht wertvolle Speicherkapazität verbrauchen.

Der nächste Schritt ist die Katalogisierung dieser Textbausteine. Nur wenn Sie den gerade benötigten Text auch rasch finden, macht ein derartiges System Sinn.

Erstellen Sie also ein Texthandbuch:

● Allen Textbausteinen wird eine Kennziffer und ein Stichwort (Kurzbezeichnung) zugeordnet. Dann werden sie in einzelne Gruppen (z. B. »Betreff«, »Anrede« etc.) zusammengefaßt.

● Innerhalb der einzelnen Gruppen kann dann der Anwender entscheiden, welche Formulierung er wählt.

● Manche Textbausteine enthalten Raum für variable Eintragungen (Mengen, Daten etc.).

Briefschreiben kann so wesentlich vereinfacht werden – jedoch Vorsicht:

● Achten Sie darauf, ob der Standardtext auch wirklich paßt – formulieren Sie notfalls lieber um!

● Bekommt ein Geschäftspartner immer nur Standardtexte von Ihnen, wird er irgendwann aufhören, Ihre Briefe zu lesen!

● Gerade bei Glückwunsch- oder Beileidsschreiben wirken Standards oft sehr hölzern und unpersönlich.

● Standardtexte sind meist wenig werbewirksam.

Beispiel: Auszug aus einem Texthandbuch

Datei: Angebote

Volltext	Zahl	Stichwort
Wir danken für Ihre Anfrage	301	Anfrage/Dank
Wir freuen uns über Ihr Interesse an unseren Produkten	302	Anfrage/Dank
Vielen Dank für Ihre Anfrage	303	Anfrage/Dank
Besten Dank für Ihre Anfrage, gerne senden wir Ihnen …	304	Anfrage/Dank
Sie geben uns Gelegenheit, Sie mit unserem Produkt … bekannt zu machen. Dafür sind wir Ihnen dankbar.	305	dankbar für Gelegenheit
Unser Außendienstmitarbeiter hat uns mitgeteilt, daß Sie an unserem Produkt … Interesse haben.	306	Anfrage an Außendienst
Wir bieten Ihnen an	307	Angebot allgemein
Auf Ihre Anfrage bieten wir Ihnen an	308	Angebot allgemein
Heute können wir Ihnen etwas Besonderes anbieten:	309	Angebot bes.
Aufgrund günstiger Einkäufe der letzten Wochen können wir Ihnen folgendes anbieten:	310	Angebot günst.
Gemäß Ihren Sonderwünschen können wir Ihnen anbieten	312	Angeb./Sonderw.

2.2.6 Allgemeine Tips zur Textgestaltung

Wir wollen hier noch nicht auf die äußere Form Ihres Briefes eingehen – auf den folgenden Seiten geht es um allgemeine Layoutregeln für Schriftstücke, die nicht in DIN oder ÖNORM geregelt sind, sondern nur der Orientierung und Leserfreundlichkeit dienen sollen.

● Absätze erleichtern das Lesen. Texte ohne Absätze werden erfahrungsgemäß meist nicht zu Ende gelesen, sie wirken optisch abschreckend.

● Halten Sie Ihre Absätze möglichst kurz. Jeder Gedanke bekommt einen eigenen Absatz.

● Heben Sie Wichtiges hervor.

● Zahlen und Daten müssen besonders übersichtlich gegliedert werden.

1. Innerhalb eines Textes werden Zahlen von null bis zwölf ausgeschrieben!

2. Innerhalb eines Wortes wird kein Leerraum gesetzt (z. B. 20fach)

3. Mehrstellige Zahlen werden – vom Kommastrich ausgehend – in Dreiergruppen geteilt.

4. Telefonnummern wie im amtlichen Telefonbuch schreiben: (1) 76 34 21-33.

5. Das Datum kann numerisch geschrieben werden – die Reihenfolge nach Tag, Monat und Jahr: 04.10.1997

6. Im Text sollte die alphanumerische Schreibweise verwendet werden: 4. Oktober 1997 bzw. 4. Okt. 1997 (nach DIN 5008)

7. Währungszeichen stehen vor oder hinter dem Betrag:
   100,00 DM oder 100 DM
   Die internationalen Bezeichnungen gemäß ÖNORM A 2659 Teil 1 können angewendet werden, beispielsweise:
   Schilling = ATS
   Deutsche Mark = DEM
   Schweizer Franken = CHF

8. Abkürzung für Millionen: Mio.
   Abkürzung für Milliarden: Mrd.
   In schwierigen, umfangreichen Texten kommt die ungekürzte Schreibweise jedoch der Lesefreundlichkeit entgegen und beugt Mißverständnissen vor.

9. Zeichen, wie beispielsweise Mengen- oder Maßangaben, Prozentzeichen oder das Paragraphenzeichen stehen im Text allein, sofern sie ein ganzes Wort ersetzen:

    5 %
    § 10
    30 m
    3.000 Stk.

Hervorheben von Textteilen

● Unterstreichen:
Unterstreichen Sie vom ersten bis zum letzten Zeichen des hervorzuhebenden Textes, inklusive Satzzeichen (Klammern, Rufzeichen etc.).

● **Fettschrift**, *Kursivschrift*, S p e r r s c h r i f t :
Zwischen gesperrt geschriebenen Wörtern und Satzzeichen steht ebenfalls ein Leerschritt, zwischen zwei Wörtern bzw. zum Normaltext drei Leerschritte. Zahlen werden nicht gesperrt.

● BLOCKSCHRIFT, KAPITÄLCHEN:
z. B. bei Überschriften, (Firmen)namen, Zunamen, die wie Vornamen lauten. Bitte nicht über längere Textpassagen anwenden, da Blockschrift schwerer lesbar ist.

● Einrückung, Zentrierung:
vor und nach jeder Einrückung je eine Leerzeile.

● Freistellung:
Der hervorzuhebende Text beginnt an der Fluchtlinie, vor und nachher je eine Leerzeile.

● Wechsel von Schriftart, Zeichengröße:
Bitte sparsam verwenden, da das Schriftbild sonst zu unruhig wirkt.

Grundsätzlich gilt für alle Formen des Heraushebens: **Bitte sparsam einsetzen!** Zu viele Varianten bewirken, daß nichts mehr hervorgehoben wird, alles unruhig und verwirrend wirkt. Der Leser verliert die Lust am Lesen, und das ist so ziemlich das Schlimmste, was einem Briefschreiber passieren kann!

Richtiges Setzen von Zeichen

● Vor einem *Satzzeichen* (Punkt, Beistrich etc.) ist kein Leerzeichen zu machen. Nach dem Satzzeichen bitte ein Leerzeichen setzen.

● *Anführungszeichen:* Vor dem Anfangs- und nach dem Schlußanführungszeichen ist ein Leerzeichen zu machen, innerhalb der Anführungszeichen ist kein Leerschritt zu machen. Punkte stehen vor dem Schlußanführungszeichen, wenn sie zum angeführten Text gehören, sonst dahinter.

> »Wir hoffen auf baldige Lieferung.«
> Wir hoffen auf die Lieferung des Buches »Schriftverkehr heute«.

● Ein *Beistrich* steht immer hinter dem Anführungszeichen:

> »Wir hoffen«, meinte Herr Deutlich, …

● Ein *Frage-* oder *Ausrufungszeichen* wird vor dem Schlußanführungszeichen gesetzt, wenn es zur Anführung gehört – der Beistrich entfällt dann!

> »Haben Sie die Lieferung erhalten?« fragte Frau Kurz.

Wenn das Frage- oder Rufzeichen nicht zur Anführung, sondern zum restlichen Satz gehört, wird es nach dem Anführungszeichen gesetzt.

> Kennen Sie unser Buch »Briefe neu gestalten«?

Aber auch das ist möglich:

> Haben Sie schon unser Buch »Briefe ab heute besser!«?

● *Klammern:* Vor der Anfangs- und nach der Schlußklammer ist ein Leerzeichen zu machen. Innerhalb der Klammer ist kein Leerzeichen zu setzen.

● Als *Trennungsstrich* kann der Schrägstrich oder der Mittelstrich verwendet werden, jedoch ohne Leerzeichen.

> Teilnehmer mit/ohne Übernachtung
> Über-
> nachtung

● Abkürzungen:

Zeitungsannonce: *Hr., 45, nicht unverm., sportl., nichtr., unabh., sucht gleichges., liebev. und großzg. Fr. bis 40, Kd k. Hind., Zwecks gem. Url.gest. u. A. (m. Fot.) w. g. an d. Verl.*

Abkürzungen sparen in diesem Fall vielleicht Geld, aber sicher nicht die Zeit des Lesers. Haben Sie daher Mitleid mit Ihrem Leser und verwenden Sie Abkürzungen möglichst sparsam!

– Abkürzungen von Maß- und Währungsangaben oder Himmelsrichtungen ist kein Punkt anzufügen:

DM, ATS; kg; O = Ost(en), S = Süd, W = West, NO

– Abkürzungen, die in vollem Wortlaut gesprochen werden, sind nach DIN 5008 mit Punkt zu schreiben:

Nr., Abt., bzw., vgl., usw., u. a., z. T., i. A., z. B.

– Nach ÖNORM 1080 können oft gebrauchte Abkürzungen eine weitere Kürzung durch Verzicht auf Leerzeichen und Punkt erfahren. Beide Formen der Abkürzungen sind anwendbar, sollten allerdings innerhalb eines Textes übereinstimmen:

aD – a. D., dh – d. h., zH – z. H., zB – z. B., ua – u. a.,
iV – i. V., ppa – ppa., iA – i. A.

– Abkürzungen, die in Kurzform gesprochen werden, ist kein Punkt anzufügen:

AG, OHG, USA, TÜV, StVO, GewO, Co

– Abkürzungen bestehen im allgemeinen aus dem Wortanfang (enden *mit einem Punkt):*

Absatz:	Abs.	Artikel:	Art.
Kapitel:	Kap.	Abschnitt:	Abschn.

– Steht ein Abkürzungspunkt am Ende eines Satzes, entfällt der Schlußpunkt.

Wir geben zu: ganz schon verwirrend! Trotzdem – zur Professionalität gehören gerade auch diese »Kleinigkeiten«!

Zeichensetzung – aber richtig!

Ihr Chef, Herr Dr. Schussel, ist ein Mensch mit wenig Zeit – daher versucht er, wo es nur geht, Zeit zu sparen. Besonders liebt er Abkürzungen. Auf Ihrem Schreibtisch landet ein von Ihm geschriebener Brief. Einem Profi wie Ihnen stehen gleich alle Haare zu Berge!
   Machen Sie sich ans Werk und verbessern Sie den Brief!

Sehr geehrter Hr DI. Richter,

wie mit Ihrem Mitarb. besprochen, übersenden wir Ihnen die. unserer Liegenschaften in NÖ., Stmk,OÖ und Ktn.. Sie finden im Anhg. auch den Grundbuchsausz. NR 456 / 7 (zuständiger Sachbearbeiter Hr. Huber , Abteil. 5).
   Auf meine persönl. Anfrage sagte mir Herr H. wörtlich: » Wir können über das Verfahren vom 23. dM. leider noch keine Auskunft erteilen. Ist es denn wirklich so dringend«? Ich habe natürlich versucht , alle Gründe aufzuzählen, aber im Hinblick auf die d.zt Lage ist es wohl besser, sich direkt am das B.M. für Verk. zu wenden, d h. direkt an die Dion der Sekt. 5 »Allg. Verkehrssachen!«.
   Haben Sie schon unsere Studie » Verkehrserschließung auch in Randzonen?«? Im ersten Abschn. wird dieses Thema genau behandelt.
   Wir hoffen alle auf bald. Erl. und verbleiben

M.f.G

Schussel

Ihr Brief:

_____

_____

_____

_____

_____

_____

_____

_____

_____

_____

_____

_____

_____

_____

_____

_____

_____

_____

_____

_____

_____

2.3 Der dritte Schritt: Die äußere Form

2.3.1 Schriftverkehr und Normung

Zur Vereinfachung der Kommunikation im Geschäftsleben ist die äußere Form von Briefen genormt. Dies dient der Übersichtlichkeit und leichteren Lesbarkeit – jeder weiß ohne langes Suchen, wo er den Absender, den Betreff, den Hinweis auf Beilagen etc. hinschreibt und auch findet.

Festgelegt sind die derzeit aktuellen Formvorschriften für Österreich in den ÖNORMEN A 1001, A 1005, A 1010, A 1080, A 6401 und A 6402 bzw. für Deutschland in den DIN 5008, 676 oder 680, wobei zu sagen ist, daß die österreichischen und deutschen Normen sehr ähnlich sind. Auf Differenzen haben wir jeweils separat hingewiesen.

Natürlich sind im Geschäftsleben Abweichungen von diesen Vorschriften möglich – Professionalität erkennt man aber auch an der Übereinstimmung der äußeren Form Ihres Briefes mit den letztgültigen Normen. Wir wollen Ihnen dabei helfen und haben im folgenden Teil alle wichtigen Regelungen festgehalten. Wir erheben keinen Anspruch auf Vollständigkeit, da wir uns auf Wesentliches beschränken. Für Perfektionisten verweisen wir daher auf die umfangreichen Darstellungen der einzelnen umfassenden Normen.

Manche Dinge werden Ihnen bereits bestens vertraut sein, andere vielleicht neu erscheinen. Treffen Sie selbst Ihre Auswahl: Vor jedem Kapitel finden Sie ein leeres Kästchen. Entscheiden Sie nach dem Durcharbeiten jedes Kapitels, wie wichtig dies für Sie ist. Ordnen Sie dementsprechend jedem Kapitel eine A-, B- oder C-Priorität zu:

> A = für mich sehr wichtig
> B = für mich zum Teil wichtig
> C = für mich weniger wichtig

So haben Sie Ihr persönliches Nachschlagewerk gestaltet – Sie finden nun leichter, was Sie immer wieder nachschlagen wollen.
Drei Beispiele:

2.3.2. Papiersorten und -formate

2.3.2.1 Papiersorten

Die günstigste und gängigste Naturpapiersorte im Bereich der Bürokommunikation ist das holzfreie **Offsetpapier.** Dieses attraktive weiße Papier
eignet sich für fast alle Gelegenheiten und ist in verschiedenen Stärken am
Markt erhältlich. Für normales Geschäftsbriefpapier ist eine Papierstärke von
80 Gramm pro Quadratmeter (g/m², oder kurz einfach nur: g) ausreichend,
Offsetpapier gibt es von 70 bis 120 g und ist ebenso für Kuverts, Schreibtisch-
unterlagen, Kopierpapier etc. geeignet. Dünnere Stärken werden für Flugpost
verwendet.

Ideal für Laserdrucker ist **Hartpostpapier,** das von der Qualität her etwas
hochwertiger als das Offsetpapier ist und ebenso als Kopierpapier verwendet
werden kann.

Wenn der Umweltgedanke in Ihrem Unternehmen eine Rolle spielt, ist
Recyclingpapier (auch Altpapier oder Umweltpapier) optimal, das ab einer
Stärke von 80 g erhältlich ist. Es handelt sich um eine aus Altpapier erzeugte
Sorte mit einem hohen Grauwert und von reduzierter Festigkeit. Dieses Papier
ist daher nicht für jeden Zweck geeignet.

Für Einladungen, Visitenkarten oder Folder bieten sich diverse hochwertige
Qualitäten an. Lassen Sie sich von Ihrem Papierhändler oder Ihrer Druckerei
Muster zeigen.

Sämtliche gestrichenen Papiere sind für die Bürokommunikation nicht
geeignet und werden hauptsächlich für die Herstellung von Publikationen,
Mappen, Kataloge etc. verwendet.

2.3.2.2 Papierformate

Die gängigsten Papierformate für den Schriftverkehr befinden sich unter der A-
Reihe der genormten Formate. Ausgangsformat für Briefpapier ist ein Bogen im
Format 841 x 1189 mm, aus dem die Hauptreihe A abgeleitet wird.

● Das wichtigste Format ist A4 (Normalformat, 210 x 297 mm) für Geschäfts-
briefblätter.

● Das Maß A5 (Halbformat, 148 x 210 mm) wird vorwiegend für Bescheinigungen oder Bestellzettel verwendet,

● A6 (Postkartenformat, 105 x 148 mm) für Postkarten, Notizzettel u. ä.

Die wichtigsten Formate für Kuverts und Taschen kommen aus der C-Reihe der Papiererzeugnisse:

● C4 (229 x 324 mm) für Schriftverkehr in der Größe A4

● C5 (162 x 229 mm) für einmal gefaltetes A4-Maß

● C6 (114 x 162 mm) für A4-Maß, das in der Mitte längs und dann quer gefaltet wird.

Darüber hinaus werden im Geschäftsbriefverkehr auch Fensterkuverts mit den Maßen 110 x 220 mm (DIN-Langformat nach DIN 680) verwendet, die ein entsprechendes Falten des Briefes verlangen, um das Adreßfeld im Fenster sichtbar zu machen.

2.3.3 Briefe mit Vordruck (nach DIN 676 bzw. ÖNORM 1010)

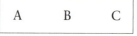

Sie ersparen sich schon einiges, wenn Sie das von Ihrer Firma vorgedruckte Briefpapier verwenden.

● Der Absender ist aufgedruckt
(Raum bei Form A: 27 mm hoch, Form B: 45 mm hoch)

● Der Raum für die Anschrift des Empfängers ist vormarkiert
(85 mm x 40 mm bzw. neun Schreibmaschinenzeilen)

● Bezugzeichenzeile ist vorgedruckt:
Ihre Nachricht vom:
Ihre Zeichen:
Unser Zeichen:
Telefon/DW/Fax:
Datum:

● Fußzeile mit Geschäftsangaben bereits aufgedruckt:
Adressen, Telefon/Telex/Fax
Bankverbindungen
Rechtsform, Sitz, Firmenbuchgericht etc.

2.3.3.1 Der erste Eindruck – die Empfängeranschrift

| A | B | C |

Der erste Eindruck entscheidet. Wie Ihre schriftliche Botschaft beim Empfänger
»ankommt«, hängt somit entscheidend von der richtigen Empfängeranschrift ab.

♦   *Die Kunst der richtigen Anrede ist angewandte Diplomatie!*

Das Anschriftfeld (85 mm x 40 mm) umfaßt neun Zeilen. Die Empfängeranschrift selbst soll nicht mehr als sechs Zeilen enthalten. Der Anschriftblock
soll maximal 76,2 mm x 25,4 mm groß sein.
Das entspricht einer Zeilenlänge von 30 Zeichen bei Zehner-Teilung bzw.
36 Zeichen bei Zwölfer-Teilung bei jeweils sechs Zeilenschritten. Innerhalb der
Anschrift bitte keine Leerzeilen, keine Sperrschrift und keine Unterstreichungen
machen!
   Die Beschriftung beginnt bei postdienstlichen Vermerken (z. B. Einschreiben,
Expreß etc.) in der ersten Zeile des vormarkierten Feldes, sonst in der dritten
Zeile, an der Fluchtlinie. Die Fluchtlinie ist durch den ersten Buchstaben der
Bezugszeile vorgegeben.

Skizze 1 nach ÖNORM 1080   Skizze 2 nach DIN 5008
(nicht in Originalgröße)   (nicht in Originalgröße)

Postdienstlicher Vermerk	Postdienstlicher Vermerk
Anrede Titel Akademischer Grad Name Berufsangabe Straße (Postfach) Nummer Postleitzahl Bestimmungsort	Anrede Titel Akademischer Grad Name Berufsangabe Straße (Postfach) Nummer Postleitzahl Bestimmungsort

Die Bezeichnung des Empfängers:

A	B	C

- Verliehene Titel, Berufs- Amts- oder Ehrentitel kommen ungekürzt in dieselbe Zeile wie »Herrn/Frau« bzw. setzen sich in der nächsten Zeile fort.

- Akademische Titel stehen abgekürzt vor dem Vor- und Zunamen.

- Berufsbezeichnungen kommen unter den Empfängernamen.

- Bei Einzelfirmen und Personengesellschaften wird das Wort »Firma« vorangestellt. Es kann aber weggelassen werden, wenn klar erkennbar ist, daß es sich um eine Firma handelt (siehe Beispiele Seite 49).

- Zusätze wie »Abteilung«, »Filiale«, »z. H.« und anderes kommen unter den Firmenwortlaut.

- Bei Auslandsanschriften ist der Postleitzahl das Länder-Erkennungszeichen mit Bindestrich voranzusetzen (z. B. D-66666, A-1111, CH-9876 etc.). Der Bestimmungsort wird in Großbuchstaben geschrieben.
  Andernfalls ist das Bestimmungsland einen Zeilenschritt nach dem Bestimmungsort in Großbuchstaben zu schreiben.

- Sonderfall – zwei Empfänger in einer Anschrift: wenn beide genannt werden, sind auch beide berechtigt, die Sendung zu öffnen.

Beispiele:

> Hans und Britta Müller

> Herr und Frau
> Hans und Britta Müller

> Herrn Hans und Frau Britta Müller

> Herrn Hans Müller
> Frau Britta Müller

> Herrn Hans Müller und (Frau) Gemahlin

> Familie
> Hans und Britta Müller (hat eher privaten Charakter)

Beispiele nach der ÖNORM:

Firma
Fritz Beispiel & Sohn
z. Hd. Frau Bauer
Stroblstraße 23
1170 Wien

Meyer und Meyer
Kunstagentur
Schreistraße 17
CH-8001 ZÜRICH

Herrn
Franz Beispiel
c/o Berger & Söhne
Waldstraße
1140 Wien

Transport & Co
Spedition
Schulstraße 5
70177 STUTTGART
DEUTSCHLAND

Amt der
Oberösterreichischen
Landesregierung
Hauptplatz
4020 Linz

Beispiele nach der DIN-Norm:

Elektrogroßhandel
Fuchs GesmbH
Kurzer Weg 8

63061 Offenbach

Einschreiben

Firma
Kunz & Co
Postfach 66 89

42899 Remscheid

Beispiel einer amerikanischen Anschrift, nach den in den USA
üblichen Anordungsregeln:

Beispiel einer britischen Anschrift,
nach den in Großbritannien
üblichen Anordnungsregeln:

```
Hanson & Sons
Art Agency
1400 Burton Road 1324
Redlands, CA 92373
USA
```

```
Mr. W. Smith
512 Brown Road
LONDON
GROSSBRITANNIEN
CR 4 7 TH
```

Akademische Grade und ihre Abkürzungen

	A	B	C

Dr. h. c.	(honoris causa) Ehrendoktor
Dr. iur.	(doctor iuris) Doktor der Rechte
Dr. med. univ.	(medicinae universae) Doktor der gesamten Heilkunde
Dr. med. vet.	(medicinae veterinariae) Doktor der Tierheilkunde
Dr. mont.	(montanarum) Doktor der montanistischen Wissenschaften
Dr. phil.	(doctor philosophiae) Doktor der Philosophie
Dr. rer. nat. techn.	(rerum naturalium technicarum) Doktor der Bodenkultur
Dr. rer. pol.	(rerum politicarum) Doktor der Staatswissenschaften
Dr. rer. soc. oec.	Doktor der Sozial- und Wirtschaftswissenschaften
Dr. techn.	(technicarum) Doktor der Technik
Dr. theol.	(Theologie) Doktor der Theologie
Dipl.-Chem.	Diplomchemiker
Dipl.-Dolm.	Diplomdolmetsch
Dipl.-Ing.	Diplomingenieur
Dkfm.	Diplomkaufmann
Mag. rer. soc. oec.	Magister der Sozial- und Wirtschaftswissenschaften
Mag. arch.	(architecturae) Magister der Architektur
Mag. rer. nat.	(rerum naturalium) Magister der Naturwissenschaften
Mag. pharm.	(pharmaciae) Magister der Pharmazie
Mag. phil.	(philosophiae) Magister der Philosophie
Mag. theol.	(theologiae) Magister der Theologie
Tzt.	Diplomierter Tierarzt
Ing.	Ingenieur (Kein akademischer Titel, sondern eine Standesbezeichnung)

Versetzen Sie sich in die Lage von Frl. Emsig: Sie ist neu in dieser Firma. Ihr Chef ist ein kreativer Chaot: seine Briefformulierungen sind zwar brillant, aber um die richtige Anschrift kümmert er sich wenig. Aus einigen wirr auf einem Zettel gekritzelte Angaben muß sie nun die perfekte Anschrift formulieren. Für Sie aber kein Problem!

Herr Doktor / Oberstudienrat a. D. / Krugerstr 12 / Zürich / PLZ 8050 / Anton Weninger

_____

_____

_____

_____

Herr und Frau Keller / Er (Peter), er Doktor, sie (Lotte) Magister / Wien 17, Strobelstr. 5

_____

_____

_____

_____

Steuerberater / Einschreiben / Linzerstr. 12 / Anita Schreiber / 1140 Wien

_____

_____

_____

_____

Dr. Maximilian Forst / BM für Land- und Forstwirtschaft / Postfach 2876 / z. H./
Frau G. Gruber / 1011 Wien

_____

_____

_____

_____

_____

_____

Vergleichen Sie – so ist es korrekt (wobei für Briefe nach der DIN-Norm eine
Leerzeile vor dem Bestimmungsort eingeschoben werden muß):

Herrn Oberstudienrat a. D. Dr. Anton Weninger Krugerstraße 12 CH-8050 ZÜRICH	Herrn und Frau Dr. Peter und Mag. Lotte Keller Stroblgasse 5 1170 Wien
Einschreiben Frau Anita Schreiber Steuerberaterin Linzerstraße 12 1140 Wien	Herrn Bundesminister Dr. Maximilian Forst Bundesministerium für Land- und Forstwirtschaft z. Hd. Frau Gabriele Gruber Postfach 2876 1011 Wien

2.3.3.2 Die Bezugszeichen

| A | B | C |

Sie beginnen damit genau eine Zeilenschaltung unter dem ersten Zeichen der vorgedruckten Bezugszeichenangabe.

Entfällt eine Angabe, stellen Sie unter den ersten Buchstaben des jeweiligen Zeichens einen Bindestrich.

Das Datum in der Bezugszeile bitte nur in alphanumerischer Schreibweise angeben.

Beispiel:

Ihre Nachricht vom	Ihr Zeichen:	Unser Zeichen	Tel/DW	Wien, am
—	re/GR	GC	18223/33	14.07.1995

Ist keine Bezugszeile vorgedruckt, werden die Bezugszeichen in Blockform einen Zeilenschritt nach der Empfängerangabe, mindestens 12 cm vom linken Papierrand entfernt, untereinander geschrieben. Fremde Bezugszeichen werden in den Betreff aufgenommen.

Beispiel:

	Datum: 14.07.1997 Zeichen: GC Telefon/DW: 18223/33

2.3.3.3. Bearbeitungsvermerke

| A | B | C |

Bearbeitungsvermerke stehen rechts neben dem Anschriftenfeld in der Höhe der ersten Zeile der Anschrift. Sie werden gesperrt geschrieben und enthalten Hinweise für die Behandlung des Briefes, zum Beispiel:

V e r t r a u l i c h

D r i n g e n d

2.3.3.4 Der Betreff

A	B	C

Wie kann ich schnell wissen, worum es in einem Brief überhaupt geht?

Wenn Sie erst einen ganzen Brief lesen müssen, um festzustellen, worum es sich eigentlich handelt, verschwenden Sie unnützerweise die Zeit Ihres Geschäftspartners.

Seien Sie also empfängerorientiert – nichts wirkt unprofessioneller, als umständliche und unübersichtliche Briefgestaltung!

Wo liegt also der Schlüssel?

Beim richtigen Betreff!

♦ *Betreff = Zweck + Thema*

Ein Beispiel:

Absage des Verkaufsleitertreffens

Zweck   Thema

● Der Betreff enthält die stichwortartige Wiedergabe des Inhalts, wobei das Wort »Betreff« weggelassen wird.

● Die Betreffzeile beginnt drei Zeilenschaltungen unterhalb der Bezugszeichenzeile.

● Hinter der Betreffangabe steht kein Schlußpunkt, Frage- und- Ausrufungszeichen aber schon!

● Die Betreffzeile kann unterstrichen werden, bei mehreren Zeilen aber nur die letzte unterstreichen; und zwar in der Länge der längsten Zeile!

Nach der DIN-Norm wird der Betreff nicht unterstrichen.

Prüfen Sie sich selbst – sind in folgenden Betreffzeilen beide Bestandteile enthalten? Würden Sie anders formulieren?

1. *Kundendienst*

_____

2. *Zusammenfassung der regionalen Verkaufszahlen*

_____

3. *Vertreter in den Zonen Süd und West*

_____

4. *Gebrauch des firmeneigenen Faxgerätes*

_____

5. *Zusammenfassung der neuen Vorgangsweise zur Erleichterung der Bestelländerung*

_____

6. *Probleme in der Zusammenarbeit, die in der letzten Zeit aufgetreten sind*

_____

7. *Beschwerde*

_____

8. *Entwurf für eine Neugestaltung der umständehalber überholten Vertragssituation im PR-Bereich*

_____

2.3.3.5 Die Anrede

A	B	C

Untersuchungen haben es ans Licht gebracht: Jeder Mensch hört (und liest) den eigenen Namen am liebsten. Denken Sie an diese Erkenntnis – die richtige Anrede ist ein wichtiger Schritt zum Erfolg!

Sie beginnt mindestens drei Zeilenschritte unterhalb der Betreffzeile an der Fluchtlinie. Sie schließt mit einem Komma, manchmal auch Ausrufezeichen (bei Reklamationen und Beschwerden) ab. Sie enthält eventuell Titel und Namen, aber ohne Vornamen (wirkt persönlicher, der Empfänger fühlt sich direkt angesprochen):

> Sehr geehrter Herr Müller,
> Sehr geehrte Frau Dr. Müller,

Ist der Funktionstitel bekannt, kann er – allerdings ohne Nennung des Namens – verwendet werden (wirkt förmlich korrekt, je nach Intention des Schreibens):

> Sehr geehrter Herr Generaldirektor,
> Sehr geehrter Frau Präsidentin,

Bei mehreren Titeln ist als Anrede der »höhere« zu wählen, aber bitte immer nur ein Titel!

Kennt man den (die) Namen nicht, wird eine Pauschalanrede gewählt:

> Sehr geehrte Damen und Herren
> Sehr geehrte Damen, sehr geehrte Herren,

Die Form der Anrede sagt viel über die Beziehung zum Empfänger aus. Kennen Sie z. B. den Empfänger auch privat, ist er durch eine rein förmliche Anrede brüskiert. Besser ist es daher, »Lieber Herr …«, »Lieber Albert,« etc. zu schreiben. Handelt es sich beim Empfänger beispielsweise um eine ältere Dame aus »besseren Kreisen« werden Sie mit »Sehr verehrte gnädige Frau« punkten!

Vertrauen Sie daher auf Ihr Feingefühl!

Akademische Grade und Ihre Anredeform, auf die besonders in Österreich Wert gelegt wird:

Doktor:	Sehr geehrte Fr. Dr. Meyer
Magister:	Sehr geehrter Herr Mag. Fuchs
Ingenieur:	Sehr geehrte Frau Ing. Müller
Magister, Doktor:	Sehr geehrte Frau Dr. Schwarz
Hofrat, Doktor:	Sehr geehrter Herr Hofrat
Primarius, Doktor:	Sehr geehrter Herr Primarius
Dipl.-Ing.:	Sehr geehrte Frau Dipl-Ing. Weiß
Dkfm.:	Sehr geehrter Herr Dkfm. Wunder
Komm.-Rat:	Sehr geehrte Frau Kommerzialrat
Direktor (auch Stellvertreter):	Sehr geehrter Herr Direktor
Univ.-Prof. Dr.:	Sehr geehrte Frau Professor
Rektor einer Universität:	Euere Magnifizenz (auch: Sehr geehrter Herr Professor)
Bischof:	Euere Exzellenz (auch: Sehr geehrter Herr Bischof)
Kardinal:	Euere Eminenz (auch: Sehr geehrter Herr Kardinal)
Botschafter von Deutschland:	Sehr geehrter Herr Botschafter
Botschafter anderer Staaten:	Euere Exzellenz
Pfarrer:	Sehr geehrter Herr Pfarrer
Abgeordneter:	Sehr geehrte Frau Abgeordnete
Bundeskanzler:	Sehr geehrter Herr Bundeskanzler
Minister:	Sehr geehrte Frau Bundesminister
Bundespräsident:	Sehr geehrter Herr Bundespräsident
Bürgermeister:	Sehr geehrter Herr Bürgermeister

2.3.3.6 Der Brieftext

A	B	C

Der eigentliche Brieftext beginnt zwei Zeilenschritte unter der Anrede – in Kleinschreibung, außer das erste Wort ist ein Name, Hauptwort oder ein Anredewort.

Jeder neue Gedanke erfordert einen neuen Absatz. In »kleinen Portionen« lassen sich auch längere und kompliziertere Texte besser verdauen. Zwischen den einzelnen Absätzen machen Sie bitte nur eine Leerzeile.

Grundsätzlich beginnt jede Zeile an der Fluchtlinie.

Über die einzelnen Möglichkeiten, innerhalb eines Textes wichtige Dinge hervorzuheben und Datenmaterial einzubauen, haben wir im vorangegangenen Kapitel schon gehört. Hier noch einmal unser Hinweis:

♦ ***Nicht zu viele Hervorhebungen und unterschiedliche Schriftarten – das Schriftbild wird sonst zu unruhig und die Wirkung ist weg!***

Grundsätzlich schreiben Sie bitte mit einfachem Zeilenabstand. Nur für Schriftstücke mit hoch- oder tiefgestellten Schriftzeichen nehmen Sie einen größeren Zeilenabstand. Auch Briefe zu besonderen Gelegenheiten wirken mit größerem Zeilenabstand besser.

2.3.3.7 Die Grußformel

A	B	C

Ebenso wichtig wie der erste Eindruck ist beim Leser auch der letzte Eindruck! Glauben Sie also nicht, daß nur der Haupttext zählt und den Gruß sowieso keiner beachtet. Zum perfekten Erscheinungsbild gehört auch ein gekonnter »Abgang«.

Die Grußformel beginnt mit einem Großbuchstaben, und ans Ende kommt kein Satzzeichen. Sie beginnt zwei Zeilenschritte unter dem Text.

Bitte gehen Sie mit veralteten Grußformeln vorsichtig um:

Mit vorzüglicher Hochachtung

entspricht nicht mehr unserem Sprachgebrauch!
Grundsätzlich üblich sind:

Mit freundlichen Grüßen
Mit freundlichem Gruß
(kann verwendet werden, wenn der Brief in »Ich-Form« geschrieben ist)

In Ausnahmefällen jedoch ist die etwas altmodische und förmliche Formulierung:

Hochachtungsvoll

durchaus angebracht. Wenn beispielsweise mit dem Briefempfänger demnächst ein gröberer Rechtsstreit ansteht, würden freundliche Grüße eher zynisch klingen!

Der Firmenwortlaut wird zwei Zeilenschritte unter die Grußformel gesetzt.

Der Name des Unterschreibenden beginnt mindestens vier Zeilenschritte danach, eventuell mit dem Zusatz »i. a.« (im Auftrag), »i. V.« (in Vertretung), »ppa.« (per prokura). Siehe dazu auch Seite 41.

Der Unterschriftenblock kann an der Fluchtlinie, in der Mitte oder in der rechten Schreibhälfte beginnen. Bei zwei Unterschriften steht die des »Ranghöheren« links.

Beispiele:

Wir hoffen auf eine rasche Erledigung.

Mit freundlichen Grüßen

MEYER & MEYER GMBH
Personalabteilung

ppa. Huger   i. V. Meller

Für weitere Auskünfte stehen wir Ihnen jederzeit gerne zur Verfügung.

Mit freundlichen Grüßen

Kreativ GmbH

Dr. Gerhard Zack
Geschäftsführer

Hochachtungsvoll

Partner & Partner
Rechtsanwälte

Dr. Fred Partner

2.3.3.8 Beilagen- und Verteilervermerk

A	B	C

So, endlich geschafft!

Halt, noch nicht ganz! Schließlich soll der Mitarbeiter, der den Brief ins Kuvert steckt, auch prüfen, ob wirklich alles beigefügt wurde.

Sie wollen auch für später dokumentiert haben, was Sie Ihrem Brief so alles mit auf die Reise gegeben haben. Und der Empfänger kann sich gleich bei Ihnen melden, sollte eine erwähnte Beilage nicht bei ihm angekommen sein.

Der Beilagenvermerk beginnt in einem angemessenen Abstand vom Unterschriftenblock an der Fluchtlinie. Bei akutem Platzmangel auf Grund eines längerem Brieftextes kann der Beilagenvermerk in den freien Raum neben der handschriftlichen Unterschrift gesetzt werden. Das Wort »Beilage« ist nicht zwingend notwendig, Unterstreichung und Doppelpunkt sind möglich.

Bitte beachten Sie: Beilagen werden Ihrem Brief beigelegt, nicht angelegt – diese oft gebräuchliche Formulierung ist sprachlich nicht korrekt.

Der Verteilervermerk wird wie der Beilagenvermerk behandelt und beginnt zwei Zeilenschritte nach der letzten Zeile des Beilagenvermerks.

2.3.3.9 Wenn der Brief mehr als eine Seite hat ...

A	B	C

Sie kennen sicher die Situation:

Sie wollen rasche Information, haben wenig Zeit und werden mit einem dreiseitigen Elaborat konfrontiert. Ihnen vergeht gleich jede Lust, sich in dieses

Schreiben zu vertiefen, Sie überfliegen es rasch und wichtige Details gehen vielleicht verloren.

- ◆ *Planen Sie auch den Umfang Ihres Briefes empfänger-freundlich!*

- ◆ *Versuchen Sie, nach Möglichkeit mit einer Seite pro Brief auszukommen!*

Sollte sich jedoch eine zweite Seite einfach nicht vermeiden lassen, beachten Sie bitte:

● Auf dem Fortsetzungsblatt stehen folgende Leitwörter:

Empfänger		Datum	Blatt

Wir empfehlen Ihnen, diese Angaben zu machen, da dadurch Mißverständnisse verhindert werden können. Bei Seiten ohne Aufdruck wird in der Blattmitte wie folgt numeriert:

– 2 –

● Auf der ersten Seite sollte an der Fluchtlinie oder am rechten Schreibrand ein Hinweis auf das Fortsetzungsblatt stehen:

. / 2

2.3.2.10 Der Briefumschlag

A	B	C

Stilvolle Geschenke machen es deutlich:

♦ *Nicht nur der Inhalt zählt, sondern auch die Verpackung!*

Als erstes hat der Briefempfänger das Kuvert in der Hand. Nicht umsonst kleben Sie bei besonderen Anlässen eine Sondermarke aufs Kuvert – Sie wollen erreichen, daß Ihr Brief aus der »Postmenge« heraussticht!

Sie müssen aber nicht »auffallen um jeden Preis« – ein Blümchenkuvert, das intensiven Rosenduft verströmt, mag als Fanpost eines Teenagers geeignet sein, für Ihren professionellen Schriftverkehr jedoch gelten folgende Regeln:

● Die Papiersorte des Briefkuverts sollte mit dem Brief übereinstimmen.

● Die Gestaltung des Kuverts ist eine Visitenkarte Ihres Unternehmens.

● Nur Briefe, die nach den allgemeinen Postbestimmungen beschriftet sind, werden rasch und problemlos befördert.

● Achten Sie auf die Maßangaben für Standardsendungen – nur so können Sie die Beförderungskosten minimieren.

● Standardisierungen dienen vor allem dazu, den Ablauf rationeller zu gestalten.

Auszug aus den allgemeinen Bedingungen für Postsendungen (aus dem österreichischen Postgesetz)

Wir liefern Ihnen einen kleinen Auszug aus den wichtigsten Bestimmungen des österreichischen Postgesetzes, das im wesentlichen mit den Regeln der deutschen Bundespost übereinstimmt. Für weitere Informationen wenden Sie sich an Ihr Postamt. Beachten Sie auch die Vorschriften für Massensendungen.

Für Briefsendungen, ausgenommen Postkarten und Massensendungen, gelten folgende Höchstmaße:

● Länge, Breite und Höhe zusammen 90 cm; größte Ausdehnung 60 cm.

Standardsendungen sind Briefsendungen bis 20 Gramm mit folgenden Maßen (Postnormformat):

● Mindestmaße: Länge 14 cm, Breite 9 cm

● Höchstmaße: Länge 23,5 cm, Breite 12 cm

● Stärke: 0,5 cm

Beschriftung von Standardsendungen unter gewöhnlichem Umschlag:

Das Anschriftenfeld sollte sich auf der Vorderseite des Umschlages befinden, und zwar

● 40 mm vom oberen Rand,

● 15 mm vom rechten seitlichen Rand,

● 15 mm vom unteren Rand

● und in einer Höchstentfernung von 140 mm vom rechten Seitenrand.

Die Sperrzonen dürfen nicht beschriftet werden.

Standardsendungen unter Fensterbriefumschlag:

Das Fenster eines derartigen Umschlages muß sich in einer Mindestentfernung von 40 mm vom oberen Rand und je 15 mm vom rechten und linken seitlichen sowie unteren Rand befinden, es darf nicht durch schwarze oder farbige Markierungen begrenzt sein.
   Bei allen Standardsendungen ist die Anschrift in Längsrichtung zu schreiben.
   Wird ein postdienstlicher Hinweis benötigt, steht dieser am Beginn der Anschrift in der ersten Zeile. Nach zwei Zeilenschaltungen erfolgt dann die Anschrift.
   Der Absender ist, sofern er auf der Vorderseite steht, in der linken oberen Ecke anzubringen.
   Wertzeichen sind in der rechten oberen Ecke des Umschlages anzubringen.

2.3.4 Brief ohne Vordruck

A	B	C

Für Ihren privaten Geschäftsbrief werden Sie wahrscheinlich ein Briefpapier ohne Aufdruck verwenden. Sinngemäß gelten auch für diese Briefe die Regeln der ÖNORM bzw der DIN.

Hier nur einige Besonderheiten:

- Der Absender beginnt mindestens fünf Zeilenschritte vom oberen Rand.

- Er enthält Vor- und Zuname, Straße, Hausnummer, Postleitzahl, Ort, eventuell Telefon- bzw. Faxnummer – ohne Leerzeile nach der ÖNORM.

- Beginn der Empfängeranschrift in der 13. Zeile. Dies ist besonders dann wichtig, wenn Sie auch für Briefe ohne Vordruck ein Fensterkuvert verwenden!

- Nach der ÖNORM werden Ort und Datum bei Briefen ohne Vordruck einen bis drei Zeilenschritte unter der Empfängeranschrift geschrieben.
  Nach der DIN-Norm stehen Ort und Datum bei Briefen ohne Vordruck neben der ersten Zeile des Absenders bei Grad 50, das heißt ca. 1,5 cm vor dem rechten Rand.
  Stimmt der Ort mit der Absenderadresse überein, kann die Ortsangabe vor dem Datum entfallen. Ort und Datum werden durch Komma getrennt.

- Da Absender und Unterzeichner ident sind, kann die maschinschriftliche Wiederholung der Unterschrift entfallen.

- Die Grußformel steht zwei Leerschritte unterhalb des Textes. In der vierten Zeile danach folgt der Beilagenvermerk.

Sie besitzen nun das Rüstzeug für den perfekten Brief.

Hier nur ein kleiner Überprüfungscheck, wie »fit« Sie schon sind: Ordnen Sie die wirren Angaben auf der nächsten Seite zu einem professionellen Brief. Sind Sie bei einzelnen Punkten noch unsicher? Wenn ja, blättern Sie das jeweilige Kapitel noch einmal durch!

Sie sind Abteilungsleiter Hr. Genius von der Firma »VielSpiel«. Es ist Freitag, der 1. Dezember. Brief an die Firma Kurz & Söhne, Herrn Magister Macke:

Die Lieferung von 50 roten Rennwagen der Serie Ferratti-Mini ist um 3 Wochen zu spät eingetroffen, erst nach mehrmaligen Anfragen, wobei die Mitarbeiter der Firma Kurz & Söhne mehr als nur unfreundlich reagiert haben und außerdem schon 2 Wochen vor Lieferung die Rechnung und mit der Lieferung die erste Mahnung mitgeschickt haben. Außerdem fehlt bei einigen Autos die Gebrauchsanweisung, bei den restlichen Autos ist die Gebrauchsanweisung auf Italienisch – schließlich verstehen nicht alle unsere Kunden Italienisch. Und überhaupt, jetzt vor Weihnachten ist die verspätete Lieferung für den Umsatz verheerend! Die langjährige Geschäftsverbindung wird wohl nicht mehr lange bestehen, wenn das so weitergeht! Wir schlagen vor: Preisreduktion um 15% und alsbaldigste Nachlieferung der Gebrauchsanweisungen in Deutsch – ansonsten verbleiben noch

Schöne Weihnachten!

Ihr Genius

Ihr Brief:

_____

_____

_____

_____

_____

_____

_____

_____

_____

_____

Teil 3:

Briefe zu besonderen Gelegenheiten

3.1 Was ist »besonders«?

Den Großteil Ihrer Geschäftspost erledigen Sie jetzt sicher und professionell. Aber der beste »Profi« gerät oft ins Schleudern, wenn er mit Unvorhergesehenem konfrontiert wird.

Es gibt im Geschäftsleben immer wieder Anlässe, die nichts mit dem Tagesgeschäft zu tun haben, eher selten auftreten und trotzdem eine professionelle schriftliche Kommunikation erfordern. Wie oft heiratet schon der langjährige Geschäftspartner? Wie oft feiert ein wichtiger Lieferant Firmenjubiläum?

Gerade in solchen Situationen ist man (und auch der Chef) sprachlos. In solchen Situationen können Sie Kompetenz beweisen. Unpassende Formulierungen wirken in solchen Briefen besonders peinlich.

Wir wollen Ihnen helfen, auch in solchen »Ausnahmesituationen« zu bestehen!

3.2 Spezialfälle der schriftlichen Kommunikation

1. Glückwunschbriefe

2. Beileidschreiben

3. Antwort auf Beileidschreiben

4. Antwort auf Bewerbungsschreiben

5. Briefe an die Presse, Leserbriefe

6. Der Werbebrief

7. Briefe an Ämter und Behörden

8. Privatbriefe im Auftrag des Chefs

9. Der private Schriftverkehr – z. B. Bewerbung, Lebenslauf

3.2.1. Der Glückwunschbrief

Ihr werter Geburtstag

Sehr verehrter Herr Kommerzialrat,

aus Anlaß Ihres alljährlich wiederkehrenden Jubeltages möchten natürlich auch wir es nicht verabsäumen, uns mit unseren allerinnigsten Wünschen einzustellen.

In großer Dankbarkeit für Ihre langjährige Stammkundentreue erlauben wir uns, somit aufs herzlichste dem lieben Jubilar zu gratulieren. Mögen Ihnen noch viele weitere Jahre in gutem Kontakt zu uns beschieden sein.

Sehen Sie unser Angebinde (eine Kiste mit 10 Zigarren) als kleines Zeichen unserer Dankbarkeit, verbunden mit den besten Wünschen für ein gesundheitlich und beruflich erfolgreiches weiteres Lebensjahr!

Mit den hochachtungsvollsten Grüßen

Anton Taktvoll

Beilage: eine Kiste mit 10 Zigarren Marke »Karibik«

Nach der Lektüre dieser innigen Zeilen fehlen dem »Jubilar« sicher die Worte! Erkennen Sie auch die Fehler nach DIN bzw. ÖNORM?

Anläße für einen Glückwunschbrief ist meist, wie der Name schon sagt, ein glückliches Ereignis: Geburt, Hochzeit, Geburtstag, Beförderung, Ernennung, Dienstjubiläum, Firmenjubiläum …

Was Sie dabei beachten sollten:

- Verwenden Sie bitte ein möglichst neutrales Briefpapier, das nur den Firmenbriefkopf enthält.
- Die Anrede und der Abschlußgruß sollte handschriftlich sein!
- Verwenden Sie keinen Fensterumschlag.
- Die Betreffzeile entfällt.
- Statt der Frankiermaschine wirkt eine Sondermarke wesentlich besser!
- Vermeiden Sie überschwengliche, nichtssagende Floskeln!
- Passen Sie den Stil dem Verhältnis des Chefs bzw. des Unternehmens zum Empfänger an.
- Verwenden Sie kurze, lebendige Sätze und wünschen Sie etwas Positives.

Einige Formulierungsbeispiele:

> Herzliche Glückwünsche zu Ihrer Hochzeit und viel Glück für Ihren gemeinsamen Lebensweg.

> Wir gratulieren Ihnen herzlich zu Ihrer Ernennung zum … und wünschen …

> Herzliche Glückwünsche zu Ihrer neuen Position.

> Ich wünsche Ihnen – auch im Namen der Mitarbeiter meines Betriebes – für die Zukunft alles Gute.

Jetzt wissen Sie, wie es geht!

   Formulieren Sie bitte den Glückwunschbrief an den Herrn Kommerzialrat so um, daß die Chance auf Weiterbestehen der langjährigen Stammkunden-beziehung intakt bleibt!

Ihr Brief:

_____

_____

_____

_____

_____

_____

_____

_____

_____

_____

_____

_____

_____

_____

_____

_____

3.2.2 Das Beileidschreiben

Das Formulieren eines Beileidschreibens erfordert besonders viel Taktgefühl:

- Vermeiden Sie zu emotionale, salbungsvolle und dramatische Formulierungen. Drücken Sie echtes Mitgefühl aus, wenn Sie es auch empfinden.

- Schreiben Sie den Brief lieber handschriftlich, zumindest aber die Anrede und den Schluß.

- Statt einer Grußformulierung steht am Schluß lediglich »Ihre« oder »Ihr«.

- Der Betreff entfällt.

- Verwenden Sie weder Fensterkuverts noch Frankiermaschinen, sondern Briefmarken.

- Verwenden Sie kein Papier mit schwarzem Rand, aber auch keinen Umschlag mit farbigem Muster.

Formulierungsbeispiele:

> Die Nachricht über den Tod von Herrn … hat uns tief erschüttert. Während unserer Zusammenarbeit haben wir ihn als Mensch sehr schätzen gelernt. Zu diesem Verlust sprechen wir Ihnen unser Beileid aus.

> Die Nachricht über den Tod Ihres Sohnes, Herrn …, hat uns sehr getroffen. Wir haben Ihren Sohn als zuverlässigen und einsatzbereiten Mitarbeiter sehr geschätzt. Er war bei den Kollegen wegen seiner ruhigen Art sehr beliebt …

> Mit seinem Einsatz und seiner Leistungsbereitschaft war und ist er uns ein Vorbild.

… und wie Sie es besser nicht formulieren:

> *Zutiefst erschüttert haben wir von gänzlich unerwarteten Dahinscheiden des Herrn … Kenntnis erhalten. Möge das durch allerhöchste Pflichterfüllung gekennzeichnete Schaffenswerk, das der Verblichene unserem Unternehmen angedeihen ließ, auch weiterhin wirksam bleiben und sowohl der Unternehmensführung wie auch der Belegschaft zum Segen gereichen.*
> *Er wird für uns immer unersetzlich, unvergeßlich und allgegenwärtig bleiben!*

3.2.3 Die Antwort auf Beileidschreiben

Auch hier gilt: Hüten Sie sich vor zu persönlichen und emotionalen Formulierungen.

● Bitte handschriftlich abfassen, zumindest Anrede und Grußformel.

● Sie können auch einen Vordruck verwenden.

Formulierungsbeispiele:

> Für das aufrichtige Beileidschreiben zum Tod unseres Mitarbeiters …
> danken wir sehr herzlich.

> Aufrichtigen Dank für die erwiesene Anteilnahme …

3.2.4 Die Antwort auf Bewerbungsschreiben

Die Art und Weise, wie ein Unternehmen mit Stellenbewerbern umgeht, sagt viel über die Unternehmenskultur aus und prägt das Firmenimage nach außen.
Sie können sich zur Hilfe einige Formulierungen als Textbausteine zurechtlegen, um der Flut von Bewerbungen rasch beantworten zu können. Denn egal, ob Sie vetrösten, um einen weiteren Termin bitten oder absagen, Sie sollten vor allem rasch reagieren.
Worauf Sie achten sollten:

● Stellen Sie den Bezug zur Bewerbung her.

● Danken Sie für die Bewerbung.

● Geben Sie einen Hinweis auf die vielen Bewerbungen und begründen Sie die lange Bearbeitungszeit.

● Bleiben Sie konkret und sachlich, keine vagen Formulierungen.

● Bei einer Absage wünschen Sie dem Bewerber alles Gute für die weitere Jobsuche.

● Geben Sie den Absagegrund klar bekannt: zu hohe Gehaltsvorstellungen, umfangreichere Branchenerfahrung des Mitbewerbers, Auslandserfahrung …

Formulierungsbeispiele:

> Vielen Dank für Ihre Bewerbung vom … als … und freuen uns, Ihnen mitteilen zu können, daß Sie per … in unser Unternehmen aufgenommen werden.

> Wir danken Ihnen für Ihre Bewerbung als … und teilen Ihnen mit, daß zur Zeit keine derartige Stelle in unserem Unternehmen frei ist. Wir werden jedoch Ihre Bewerbung in Evidenz nehmen.

> Wir danken für Ihr Interesse an unserem Unternehmen und bedauern, Ihnen keinen positiven Bescheid geben zu können. Wir wünschen Ihnen aber auf der weiteren Suche nach einer geeigneten beruflichen Position viel Glück.

3.2.5 Briefe an die Presse, Leserbriefe

Wenn Sie einen Leserbrief an ein Printmedium senden wollen, klären Sie vorher:

● An welche Redaktion, welche Journalisten?
  (Bestehen schon Kontakte?)

● Welche Dringlichkeit hat mein Schreiben?
  (Beachten Sie den Redaktionsschluß.)

Formulieren Sie besonders prägnant, anschaulich, sachlich und glaubhaft.
  Wenn Sie sich auf einen Artikel in dieser Zeitung beziehen, wiederholen Sie kurz die wichtigen Punkte, auf die Sie Bezug nehmen. Nicht jeder Leser Ihres Leserbriefes hat auch den Ursprungsartikel gelesen!

  ♦   *Kennen Sie die KISS-Regel? – Keep it short and simple!*

3.2.6 Der Werbebrief

> ♦ *Jeder Geschäftsbrief sollte ein Werbebrief sein!*

Wir wollen aus Ihnen keine Werbeprofis machen – Ihre Werbeagentur wird auch in Zukunft nicht arbeitslos sein. Die Grundsätze für einen Werbebrief können Ihnen aber bei allen Briefen weiterhelfen!
Ziel eines Werbebriefes ist es, Neugierde und Interesse zu erwecken. Sie wollen jemanden persönlich ansprechen.

1. Erster Schritt ist es, die Aufmerksamkeit des Lesers zu erhalten:
   Formulieren Sie den Betreff wie die Schlagzeile in einer Zeitung.
   Besonders wichtig ist der wirkungsvolle Anfang!

2. Dann müssen Sie dem Leser seinen Nutzen aus Ihrem Angebot deutlich machen.

3. Wenn Ihnen der erste und zweite Punkt gelungen sind, können Sie jetzt im Leser den Wunsch wecken, Ihr Angebot anzunehmen. Gehen Sie dabei genau auf seinen Bedarf ein!

4. Zum Schluß kommt die Aufforderung zur Aktion – der Leser soll bestellen, weiteres Infomaterial anfordern …

Analysieren Sie einmal Werbebriefe, die Sie erhalten, nach diesen vier Punkten!

Sie gelten in Ihrer Firma als echter »Werbeprofi«. Deswegen legt man Ihnen immer jeden Werbebrief zur Korrektur vor.
Versuchen Sie, die folgenden »Werbeergüsse« umzuformulieren bzw. festzustellen, welche schon genügend Aussagekraft besitzen.

1. *Sehr geehrter Herr Muster,*
   Bezugnehmend auf unsere Sonderaktion »Billige Restposten« möchten wir Sie
   in Kenntnis setzen von …

   _____

   _____

   _____

2. *Sehr geehrter Herr Muster,*
   Wenn Sie der Meinung sind, daß billige Einkaufsquellen für Sie nicht wichtig
   sind, brauchen Sie gar nicht weiterzulesen …

   _____

   _____

   _____

3. *In Ermangelung einer Möglichkeit zur raschen Beseitigung vieler Fehlerquellen in Ihrem*
   Ablagesystem möchten wir uns erlauben, Ihnen unser neues System 200 vorzu-
   stellen …

   _____

   _____

   _____

4. *Wir sind uns sicher, daß die Verwendung unseres neuen Systems eventuell sogar für*
   viele Kunden von großem Nutzen ist.

   _____

   _____

   _____

5. *Wir haben Ihnen ja am Anfang des Jahres ein Gesamtverzeichnis unserer Produkte zugesandt. Auf Seite 543 finden Sie unser sensationelles Sonderangebot – füllen Sie auf der dem Verzeichnis beigefügten Karte nur Ihr Firmenkurzwort aus, wir werden es Ihnen umgehend zusenden!*

_____

_____

_____

_____

_____

Unsere Lösungsvorschläge:

1. Zu Saisonende ist uns Platz wichtiger als Ware: wir räumen daher für Sie!

2. Dies ist ein durchaus zulässiger »Einstieg« in einen Werbebrief!

3. Wollen auch Sie Fehler in Ihrem Ablagesystem beseitigen? Wir haben die passende Lösung für Sie – das System 200!

4. Ein Salzburger Unternehmen – etwa so groß wie Ihres – konnte sein Ablagesystem entscheidend verbessern. Wollen Sie auch von unserem System profitieren? Sie werden sehen, es rechnet sich!

5. Sie schätzen unsere Produkte. Heute können wir Ihnen einen besonders beliebten Artikel unseres Sortiments sogar verbilligt anbieten. Wir haben ihn für Sie nochmals auf beiliegender Karte abgebildet. Füllen Sie bitte die Karte aus, und senden Sie sie an uns – zwei Minuten, die sich für Sie lohnen ...

Unsere Vorschläge erheben keinen Anspruch auf Allgemeingültigkeit – lassen Sie Ihrer Kreativität freien Lauf!

3.2.7 Briefe an Ämter und Behörden

Egal, ob Sie als Privatperson oder als Unternehmen mit Ämtern und Behörden zu tun haben – immer sollten Sie Ihre Briefe

- sehr kurz und knapp halten,

- Emotionales weglassen,

- höflich, aber nicht unterwürfig sein,

- Termine, Geldbeträge und Anträge hervorheben.

- Weiters sollten Sie, wenn möglich, immer die Kunden-, Steuer-, Versicherungsnummer anführen und

- Briefe an das Finanzamt immer eingeschrieben schicken!

Bevor Sie mühevoll einen umfangreichen Brief verfassen, erkundigen Sie sich, ob nicht ein diesbezügliches Formular bei der zuständigen Behörde aufliegt. Sonst kann es Ihnen passieren, daß Ihr wundervoll verfaßtes Kunstwerk einfach mit dem Hinweis auf dieses Formular zurückgesendet wird – denn »Vorschrift ist Vorschrift«!

Formulierungsbeispiele:

In der Beilage übersende ich Ihnen..

..stellen wir den Antrag …

Wir erheben Beschwerde gegen … und bitten Sie zu veranlassen, daß …

Wir ersuchen um positive Erledigung unsres Ansuchens.

Ich bitte um Kenntnisnahme und Bestätigung …

Für eine rasche Erledigung danke ich Ihnen im voraus.

3.2.8 Privatbriefe im Auftrag des Chefs

Bei persönlichen Briefen bitte keine Anschrift auf dem Briefbogen schreiben. Die Betreffzeile entfällt ebenfalls.

Der Stil sollte der Persönlichkeit des Verfassers und seinem Verhältnis zum Empfänger angepaßt sein. Lassen Sie daher förmliche Anreden weg.

Im Zweifelsfall halten Sie den Stil freundlich, einfach und klar.

Ist Ihnen der Inhalt des Briefes zu privat, scheuen Sie sich nicht davor, ihn wieder zur »Chef-Sache« zu machen.

3.2.9 Privater Schriftverkehr

Alle Regeln, die für den geschäftlichen Schriftverkehr gelten, sollten Sie auch für Ihren privaten Schriftverkehr mit öffentlichen Stellen, Behörden, Ämtern, Firmen etc. beachten – auch wenn Sie über kein Briefpapier mit eigenem Aufdruck verfügen.

Wir wollen uns noch mit zwei Spezialfällen der privaten Korrespondenz befassen: der Bewerbung und dem Lebenslauf.

3.2.9.1 Die Bewerbung

Die Anzahl der Bewerber für eine ausgeschriebene Stelle wird immer größer. Wer letztendlich die Chance zum Vorstellungsgespräch bekommt, hängt nicht zuletzt vom ersten Eindruck – vom Bewerbungsschreiben ab!

Verwenden Sie daher besonderes Augenmerk auf ein sauberes und ansprechendes äußeres Erscheinungsbild Ihres Bewerbungsbriefes. Beachten Sie dabei alles bisher Gelernte und vermeiden Sie folgende formale »Todsünden«:

● Schicken Sie immer ein Original, nie die Kopie!

● Bitte keine Tipp- und Rechtschreibfehler!

● In manchen Inseraten ist eine handschriftliche Bewerbung erforderlich.

● Achten Sie auf die richtige Bezeichnung des Ansprechpartners: bei Bewerbungen »auf gut Glück« zuerst den Zuständigen für Personalfragen ermitteln!

● Wenn Sie sich bei mehreren Unternehmen bewerben: Vermeiden Sie alles, was auf ein »Rundschreiben« schließen läßt, z. B. allgemeine Anrede.

1. Analysieren Sie zuerst die Stellenanzeige genau

● Was sagt sie über das Unternehmen aus?
(Standort, Größe, Unternehmenskultur)

● Was geht daraus über die Stelle hervor?
(Aufgabengebiet, Zuständigkeit, Karrierechancen, Weiterbildung)

● Welche verlangten Qualifikationen besitzen Sie, welche (noch) nicht?

● Warum interessiert Sie gerade diese Position?

2. Nun planen Sie den Inhalt

● Welches Ziel verfolgen Sie?
  Sie wollen einen wichtigen Werbebrief schreiben, Sie wollen für sich selbst
  werben!

● Planen Sie wieder vor allem den Anfang besonders exakt:
  Sie müssen die Aufmerksamkeit des Lesers wecken. Nennen Sie den Grund
  Ihrer Bewerbung, und vergessen Sie nie, sich auf die ausgeschriebene Stelle
  direkt zu beziehen.

● Beschreiben Sie dann kurz und sachlich Ihre Qualifikationen und Interessen.
  Manchmal sind auch Zusatzqualifikationen – wie z. B. der Besitz eines
  Führerscheins – gefragt, die sonst unerwähnt bleiben.

● Bleiben Sie ehrlich, zeigen Sie aber, daß Sie lernfähig und flexibel sind.
  Erläutern Sie, warum Sie sich gerade für diese Stelle als geeignet ansehen.

● Zum Schluß sollte noch eine Aufforderung zur Aktion folgen: die Bitte, zu
  einem persönlichen Gespräch eingeladen zu werden.

Einige Formulierungsbeispiele ...

... für den Beginn:

> Ihr Inserat vom ... in der XY-Zeitung hat mein Interesse geweckt. Sie
> suchen darin einen ...

> Ihre Anzeige vom ...

> Sehr geehrte Fr. Mag. Kern,
> Sie suchen eine ... Da mich dieser Bereich schon seit der Schulzeit
> interessiert, bewerbe ich mich um diesen Trainee-Posten ...

... bei unaufgeforderten Bewerbungen:

> In einem renommierten Unternehmen Erfahrung zu sammeln, ist der
> beste Berufseinstieg. Ihr Unternehmen ist bekannt dafür, jungen,
> lernwilligen Menschen eine Chance zu geben. Daher bewerbe ich mich
> bei Ihnen ...

Ihr Unternehmen gilt innerhalb der Branche als besonders innovativ. Da mich speziell Produktentwicklungen interessieren und ich in meiner jetzigen Position wenig Entfaltungsmöglichkeiten vorfinde, möchte ich mich bei Ihnen bewerben.

... und für den Schluß:

Ich bitte um ein persönliches Gespräch und würde mich freuen, diesbezüglich bald von Ihnen zu hören.

Bitte geben Sie mir Gelegenheit, mich bei Ihnen vorzustellen.

Bitte behandeln Sie meine Bewerbung vertraulich. Ich freue mich auf ein persönliches Gespräch.

Ich würde mich sehr freuen, für Ihr Unternehmen arbeiten zu können.

3.2.9.2 Der Lebenslauf

Ein ausführlicher und/oder handschriftlicher Lebenslauf ist unübersichtlich und als Entscheidungsgrundlage bei der Auswahl der Kandidaten sehr schlecht geeignet. Der Leser muß nach den entscheidenden Daten lange suchen, ein rascher Vergleich mehrerer Bewerber ist kaum möglich.

Daher hat sich heute der tabellarische Lebenslauf durchgesetzt, der die persönlichen Daten, die Schul- und Berufsausbildung, die bisherige Berufspraxis, Weiterbildung, die besonderen Kenntnisse – je nachdem, ob diese gefragt sind oder von Interesse sein könnten – enthalten soll.

Langweilen Sie Ihren möglichen zukünftigen Arbeitgeber nicht mit in diversen Vereinen oder aus Hobbyzeitschriften erworbenen Kenntnissen!

Wenn Sie auf eine Inserat antworten, fügen Sie noch die Kopien von Zeugnissen, Dienstzeugnissen, Kursbesuchsbestätigungen etc. bei.

Sie handeln besonders »empfängerorientiert«, wenn Sie Ihre dann schon ziemlich umfangreichen Unterlagen in einem Schnellhefter zusammenfassen: das Bewerbungsschreiben liegt obenauf, dann kommt der Lebenslauf, dann die am besten zeitlich gereihten Zeugnisse und Befähigungsnachweise.

Also dann, viel Glück!

Lebenslauf

Persönliche Daten

Name:	Sieglinde Lebegern
Anschrift:	Schulgasse 88
	5020 Salzburg

Geburtsdatum:	29. 2. 1956
Geburtsort:	Wien
Familienstand:	verheiratet, mit Walter Lebegern
	eine Tochter, 3 Jahre

Staatsangehörigkeit:	Österreich
Führerschein:	Gruppe B, seit 1977

Schulbildung

1963 – 1967	Volksschule, 1180 Wien
1967 – 1971	Realgymnasium, 1180 Wien
1971 – 1976	Handelsakademie III, 1080 Wien

Studium

1976 – 1980	Studium an der Universität Wien
	(Germanistik und Geschichte)
	Sponsion: April 1980

Beruflicher Werdegang

1980 – 1990	AHS 1080 Wien
	Professorin für Deutsch und Geschichte
1990 – 1998	AHS 5020 Salzburg
	Professorin und Stellvertretende Direktorin

Weiterbildung	Diverse fachspezifische Lehrgänge am
	Pädagogischen Institut Wien

Salzburg, 19. September 1998   *Sieglinde Lebegern*

Teil 4:

Professioneller Schriftverkehr praktisch gesehen

Ergänzende Tips

In diesem Abschnitt wollen wir Ihnen noch einige ergänzende Tips mit auf den Weg geben.

Sehen Sie es als eine Art **allgemeine Checkliste** für Ihren Schriftverkehr! Sie soll Ihnen helfen, einige oft beobachtete Fehler zu vermeiden!

- Setzen Sie beim Schreiben immer die **Brille des Empfängers** auf!

- Verlieren Sie nie das **Ziel** Ihres Schreibens aus den Augen – denn: »Ohne Ziel stimmt jeder Weg!«

- Achten Sie immer darauf, daß **Adresse** und **Anrede** übereinstimmen!

- Bei Beilagen, Kopien und Faxnachrichten sollte **nichts weggestrichen** sein, weil es nicht für den Empfänger bestimmt ist. Das wirkt zensuriert und unfreundlich!
  Besonders schlimm ist es, wenn das Durchgestrichene noch lesbar ist!

- Schreiben Sie **höflich <u>und</u> freundlich** – Freundlichkeit unterscheidet sich von Höflichkeit durch den Grad menschlicher Zuneigung!
  Nichts wirkt daher »unmenschlicher«, als falsche Höflichkeit!

- Formulieren Sie: – **einfach und verständlich,**
                       – **kurz und prägnant,**
                       – **sachlich und übersichtlich,**
                       – **konkret und verbindlich.**

- Gliedern Sie in **Absätze** (maximal sechs Zeilen), vermeiden Sie zu lange Sätze (maximal 15 Wörter).

- Versuchen Sie, mit einer Seite auszukommen.

- Vorsicht mit **Abkürzungen** und **Hervorhebungen!**

- Besonders wichtig sind **Anfang** und **Schluß!**

- Sie wollen Ihren Briefempfänger nicht überreden, sondern **überzeugen!**

- Bleiben Sie **ehrlich**, geben Sie Nachteile ruhig zu, verwandeln Sie sie in Vorteile!

- Hüten Sie sich vor leeren Versprechungen!

- Formulieren Sie Ihre Gedanken, Entwürfe und Briefe **positiv!**

- Lesen Sie Ihren Entwurf **laut** vor: so fallen Ihnen verstaubte Amtsdeutschformulierungen eher auf. Ihre Sprache soll modern und lebendig sein!

- Haben Sie den Mut **aufzuhören**, wenn alles Wichtige gesagt ist.

- Überprüfen Sie auch die wichtigen »**Kleinigkeiten**«: Fehler, Zeichensetzung etc.

- Nehmen Sie Ihre Briefpartner **ernst** – beantworten Sie Briefe rasch!

- Gehen Sie von auf »**kritische Distanz**« – überprüfen Sie Ihren Schriftverkehr, entrümpeln und entstauben Sie!

Wenn Sie von Zeit zu Zeit die von Ihnen als wichtig erkannten Kapitel dieses Buches durchgehen, bleiben Sie »schriftlich fit« – und professioneller Schriftverkehr ist für Sie mehr als nur ein Schlagwort, sondern tägliche Selbstverständlichkeit!

Viel Erfolg!

Als Ergänzung zu diesem Buch in der Reihe »New Business Line«

Helga Zimmer-Pietz 🔟

Professionelles Texten
**Briefe/Werbetexte/Pressemit-
teilungen/Produktbeschreibungen
Praktische Tips und Checklisten
ISBN 3-7064-0172-X**

Moderne Kommunikation wird immer schnellebiger. Da heißt es oft: rasch reagieren im Wettbewerb. Hier findet der Leser eine Anleitung zum professionellen Texten: für den Alltag, für die Korrespondenz, für die Bereiche Werbung und Öffentlichkeitsarbeit.

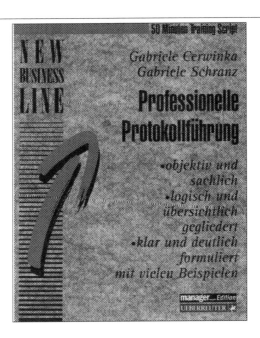

Gabriele Cerwinka/Gabriele Schranz 🏵

Professionelle Protokollführung
objektiv und sachlich/logisch und über-
sichtlich gegliedert/klar und deutlich
formuliert/mit vielen Beispielen
ISBN 3-7064-0142-8

Führungskräfte verschwenden zuviel
wertvolle Zeit mit dem Lesen unwichti-
ger Informationen. Viele Besprechun-
gen sind deshalb ineffizient, weil Ziele,
Ergebnisse und Maßnahmen nicht ausreichend festgehalten werden. So geht
wertvolle Arbeitskraft und -zeit verloren,
und viele Managementstrategien ver-
laufen im Sand. Mit einer wertfreien und
exakten Wiedergabe von Vorgängen und
Entschlüssen im Unternehmen können
Sie all das verhindern. Bedeutende Ge-
spräche und Vorgänge richtig in Proto-
kollform verpackt, spart viel Zeit und
Kraft. – Sie haben jederzeit Zugriff auf die
wichtigsten Informationen.

Folgende Titel der »New-Business-Line«-Reihe sind lieferbar:

Management

Marketing/Verkauf/PR

Arbeitstechniken

Folgende Titel der Reihe »50 Minuten zum Erfolg« sind lieferbar:

Persönlichkeitsentwicklung

Kommunikation

Weiterbildung

⓮ *Paul F. Röttig*
Fit für den Arbeitsmarkt
Ein praktischer Leitfaden und Ratgeber für
Berufsauswahl, Einstieg und Wiedereinstieg,
Sicherung des bestehenden Jobs, Strategien
nach dem Job-Verlust

⓯ *Diane Berk*
Optimale Vorbereitung für Ihr
Bewerbungsgespräch
So bekommen Sie Ihren Traumjob